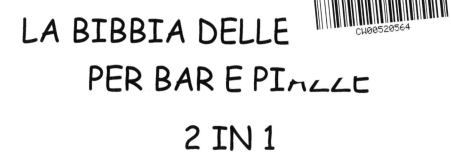

LA BIBBIA DELLE
PER BAR E PIAZZE
2 IN 1

100+ RICETTE FACILI, SANO E DELIZIOSE

MIRKO SUERGIU, AURORA SANNA

Tutti i diritti riservati.

Disclaimer

Le informazioni contenute in i intendono servire come una raccolta completa di strategie sulle quali l'autore di questo eBook ha svolto delle ricerche. Riassunti, strategie, suggerimenti e trucchi sono solo raccomandazioni dell'autore e la lettura di questo eBook non garantisce che i propri risultati rispecchieranno esattamente i risultati dell'autore. L'autore dell'eBook ha compiuto ogni ragionevole sforzo per fornire informazioni aggiornate e accurate ai lettori dell'eBook. L'autore e i suoi associati non saranno ritenuti responsabili per eventuali errori o omissioni involontarie che possono essere trovati. Il materiale nell'eBook può includere informazioni di terzi. I materiali di terze parti comprendono le opinioni espresse dai rispettivi proprietari. In quanto tale, l'autore dell'eBook non si assume alcuna responsabilità per materiale o opinioni di terzi. A causa del progresso di Internet o dei cambiamenti imprevisti nella politica aziendale e nelle linee guida per l'invio editoriale, ciò che è dichiarato come fatto al momento della stesura di questo documento potrebbe diventare obsoleto o inapplicabile in seguito.

Sommario

RICETTE PER TORTE DI CIOCCOLATO E FAT BOMBS PER PRINCIPIANTI

50+ RICETTE FACILI, SANO E DELIZIOSE

AURORA SANNA

Tutti i diritti riservati.

Disclaimer

INTRODUZIONE

Cos'è un brownie? Il brownie è un dessert al cioccolato quadrato o rettangolare. I brownies sono disponibili in una varietà di forme e possono essere fudgy o cakey, a seconda della loro densità. Possono includere noci, glassa, crema di formaggio, gocce di cioccolato o altri ingredienti.

Cosa sono le bombe grasse? Le bombe di grasso sono dolcetti a basso contenuto di carboidrati e senza zucchero, solitamente realizzati con olio di cocco, burro di cocco, crema di formaggio, avocado e / o burro di noci. Praticamente, qualsiasi cosa ad alto contenuto di grassi, senza zucchero e con pochi carboidrati può essere trasformata in una bomba di grasso.

Che cosa sono le palline da dessert? Fondamentalmente, è una ricca confezione dolce a base di zucchero e spesso aromatizzata o combinata con frutta o noci, cosa potrebbe esserci di meglio di un dessert decadente? Uno che ha la forma di una palla!

Da qui in poi, cuocere da zero, una partita di brownies o fat bomb o una pallina da dessert sarà facile come raggiungere la roba in scatola, grazie a queste ricette.

Immergiamoci!

BROWNIES E FUDGE

a) Brownies al cioccolato e nocciole

Ingredienti:
- 1 tazza di cacao amaro in polvere
- 1 tazza di farina per tutti gli usi
- 1 cucchiaino. bicarbonato di sodio
- ¼ di cucchiaino. sale
- 2 CUCCHIAI. burro non salato
- 8 TBSP. burro
- 1 tazza e mezzo di zucchero di canna scuro, ben confezionato
- 4 uova grandi
- 2 cucchiaini. estratto di vaniglia
- ½ tazza di gocce di cioccolato al latte
- ½ tazza di gocce di cioccolato semidolce
- ½ tazza di nocciole tostate, tritate

a) Riscalda il forno a 171 ° C. Ricopri leggermente una teglia da forno da 23 × 33 cm con uno spray da cucina antiaderente e metti da parte. In una ciotola media, unisci il cacao in polvere non zuccherato, la farina per tutti gli usi, il bicarbonato di sodio e il sale. Mettere da parte.

b) A bagnomaria a fuoco basso, sciogliere burro e burro non salati. Una volta sciolto, togliere dal fuoco e incorporare lo zucchero di canna scuro. Versare la miscela di burro e zucchero nella miscela di farina e mescolare per unire.

c) In una ciotola capiente sbattere le uova e l'estratto di vaniglia con una frusta elettrica a velocità media per 1 minuto. Aggiungere lentamente la miscela di farina e burro e mescolare per un altro minuto fino a quando non è appena amalgamato. Aggiungere le gocce di cioccolato al latte, le gocce di cioccolato semidolce e le nocciole e sbattere per alcuni secondi per distribuire rapidamente.

d) Trasferire la miscela nella padella preparata e cuocere per 23-25 minuti o finché la parte superiore non appare scura e asciutta. Raffreddare completamente nella padella prima di tagliare in 24 pezzi e passare su un piatto.

e) Conservazione: conservare ben avvolto nella pellicola trasparente in frigorifero per 4-5 giorni o nel congelatore per 4-5 mesi.

b) Scegli Brownies

Ingredienti:
10. 1/4 cucchiaino di burro
11. 1/4 cup normal butter
12. 2 uova
13. 1 tazza di estratto di vaniglia
14. 1/3 di tazza di polvere di cioccolato senza risposta
15. 1/2 cucchiaino di farina per tutti gli usi
16. 1/4 di commento in meno
17. 1/4 cucchiaino di polvere da forno

Per i Frostanti:
- 3 cucchiai di burro, a volte
- 1 parola di più, spesso
- 1 tavola solo
- 1 commento vanilla extra
- 1 tazza di zucchero dei confetti

Indicazioni:
- Fino a 330 riduzioni F.
- Grasare e infarinare una superficie quadrata da 8 pollici.
- In una casseruola grande, a fuoco molto basso, versare 1/4 di tazza e 1/4 di tazza.
- Allontanarsi da lui e riprendere a stirare di zucchero, uova e 1 messaggio di vaniglia. Montare 1/3 di succo, 1/2 farina di farina, olio e polvere da sparo. Distribuire la pappa nella padella.
- Bake in a disposizione anche per 25-30 minuti. Non sorvolare.

Per la frittura:
Comporre 3 bicchieri più spesso e 1 cucchiaino da tè; aggiungere cucchiai di salsa, miele, 1 cucchiaino di estratto di vaniglia e 1 zucchero di zucchero. Mescolare fino a che liscio

c) Rocky Road Brownies

Resa: 12 brownies
Ingredients:
- 1/2 cup può essere infuso di fondo
- 1/8 cup burro
- 2 once di scelta non zuccherata
- 4 volte agrodolce o altro cioccolato dolce
- 3/4 cup tutto il fiorire
- 1/2 battuta di sollievo
- 1 tazza di zucchero di canna
- 2 grandi uova
- 1 cucchiaino di estratto di vaniglia
- 3/4 di tazza di mandorle tostate salse
- 1 cucchiaio di marshmallow

Indicazioni:
1. Preriscaldare il forno a 350 gradi F. Disporre una teglia quadrata da 8 pollici con un foglio di alluminio e ungere con altro grasso o verdure.
2. Melt the cannabutter, butter and chocolates over low heat in a medium acapapan mescolando frequentemente. Impostare oltre a cercare per 5 minuti.
3. Mescolare insieme la farina e altro; a parte.
4. Mescolare lo zucchero nella pentola sciolta fino a quando non si sarà ricollocato.
5. Sbattere le uova e la vaniglia e continuare a mescolare fino a quando non si avvia.
6. Mescolare la farina e il sale fino a quando non inizia.
7. Riservare 1/2 metà della migliore birra e distribuire il resto nel piano successivo.
8. Cuocere in padella per circa 20 minuti. Mentre si sta cuocendo, preparare il topping iniziando a mescolare con la pastella rimasta con le smorzate e mosse
9. Dopo che la parte migliore è stata sfornata per 20 minuti, toglierla dallo stesso.
10. Preparare i brownies al forno e tornare al forno. Cuocere per circa 10 minuti o fino a quando i marshmallow sono bruciati e

uno stuzzicadenti inserito al centro esce con solo poche briciole attaccate ad esso

11. Lasciarlo in padella prima di usare la farina per sollevare i brufoli e affettarli.

d) Arachidi e Jelly Fudge

Ingredienti:

- Sciroppo d'acero, ¾ tazza
- Estratto di vaniglia, 1 cucchiaino
- Arachidi, 1/3 di tazza, tritate
- Burro di arachidi, ¾ tazza
- Ciliegie secche, 1/3 di tazza, a dadini
- Cioccolato proteico in polvere, ½ tazza

Metodo:

- Tritate le arachidi e le ciliegie e tenetele da parte.
- Riscaldare lo sciroppo d'acero a fuoco basso, quindi versare sopra il burro di arachidi in una ciotola. Mescolare fino a che liscio.
- Aggiungere la vaniglia e le proteine in polvere e mescolare bene per unire.
- Ora aggiungi le arachidi e le ciliegie e piega delicatamente ma velocemente.
- Trasferire la pastella in una padella preparata e congelare finché non si solidifica.
- Affetta in barrette al momento dell'impostazione e divertiti.

e) Fondente di mandorle senza cottura

Ingredienti:
- Avena, 1 tazza, macinata nella farina
- Miele, ½ tazza
- Avena veloce, ½ tazza
- Burro di mandorle, ½ tazza
- Estratto di vaniglia, 1 cucchiaino
- Vaniglia proteica in polvere, ½ tazza
- Gocce di cioccolato, 3 cucchiai di cereali di riso croccante, ½ tazza

Metodo:
- Spruzzare una teglia da forno con spray da cucina e tenere da parte. Combina i cereali di riso con farina d'avena e avena veloce. Tenere da parte.
- Sciogliere il burro di mandorle con il miele in una padella quindi aggiungere la vaniglia.
- Trasferisci questa miscela nella ciotola degli ingredienti secchi e mescola bene.
- Trasferire nella teglia preparata e uniformare con una spatola.
- Mettete in frigorifero per 30 minuti o finché non si rassoda.
- Nel frattempo sciogliere il cioccolato.
- Rimuovere il composto dalla padella e cospargere di cioccolato fuso. Mettere in frigorifero di nuovo fino a quando il cioccolato non si solidifica, quindi affettarlo in barrette della dimensione desiderata.

f) Red Velvet Fudge ProteinBars

Ingredienti:
a) Purea di barbabietola arrosto, 185 g
b) Pasta di semi di vaniglia, 1 cucchiaino
c) Latte di soia non zuccherato, ½ tazza
d) Burro di noci, 128 g
e) Sale rosa dell'Himalaya, 1/8 cucchiaino
f) Estratto (burro), 2 cucchiaini
g) Stevia cruda, ¾ tazza
h) Farina d'avena, 80 g
i) Proteine in polvere, 210 g

Metodo:
a) Sciogliere il burro in una casseruola e aggiungere la farina d'avena, le proteine in polvere, la purea di barbabietola, la vaniglia, l'estratto, il sale e la stevia. Mescolare fino a quando combinato.
b) Ora aggiungi il latte di soia e mescola finché non è ben incorporato.
c) Trasferire il composto in una padella e conservare in frigorifero per 25 minuti.
d) Quando il composto sarà sodo, tagliarlo in 6 barrette e gustarlo.

g) Fudge Munchies

Porzioni: 6-8

Ingredienti:
- 1/2 tazza di burro
- 1/2 tazza di burro di mandorle
- Da 1/8 a 1/4 di tazza di miele
- 1/2 banana, purè
- 1 cucchiaino. Estratto di vaniglia
- qualsiasi tipo di burro di noci
- 1/8 di tazza di frutta secca
- 1/8 di tazza di gocce di cioccolato

Indicazioni:

a) In un frullatore o in un robot da cucina, aggiungi tutti gli ingredienti. Frullare per diversi minuti fino a ottenere un composto omogeneo. 2. Versare la pastella in una teglia con il rivestimento di carta da forno.

b) Per pezzi più grandi, usa una mini teglia o raddoppia la ricetta. Mettete in frigorifero o congelate fino a quando non si solidifica. Taglia in 8 quadrati uguali.

a) Brownies al caffè glassati

- 1 c. zucchero
- 1/2 tazza burro ammorbidito
- 1/3 c. cacao in polvere
- 1 t. granuli di caffè solubile
- 2 uova sbattute
- 1 t. estratto di vaniglia
- 2/3 c. Farina per tutti gli usi
- 1/2 t. lievito in polvere
- 1/4 t. sale
- 1/2 tazza Noci tritate

- Unisci zucchero, burro, cacao e granella di caffè in una casseruola. Cuocere e mescolare a fuoco medio fino a quando il burro non si sarà sciolto. Togliere dal fuoco; raffreddare per 5 minuti. Aggiungere le uova e la vaniglia; mescolare fino a quando non è appena combinato.
- Unite la farina, il lievito e il sale; piegare in noci. Distribuire la pastella in una teglia da forno unta 9 "x9". Infornare a 350 gradi per 25 minuti o finché non si solidificano.
- Raffreddare in padella su una gratella. Distribuire la glassa al cioccolato sui brownies raffreddati; affettare in barrette. Fa una dozzina.

b) Blondies ai semi di chia e burro di noci pecan

INGREDIENTI
- 2 1/4 tazze di noci pecan, arrostite
- 1/2 tazza di semi di chia
- 1/4 tazza di burro, sciolto
- 1/4 tazza di eritritolo, in polvere
- cucchiaio da tavola. SF Torani Salato

Caramello
a) gocce di stevia liquida
b) uova grandi
c) 1 cucchiaino. Lievito in polvere
d) 3 cucchiai. Crema pesante
e) 1 pizzico di sale

INDICAZIONI
- Preriscalda il forno a 350F. Misura 2 1/4 di tazza di noci pecan
- Macina 1/2 tazza di semi di chia interi in un macina spezie fino a quando non si forma un pasto.
- Rimuovere la farina di chia e metterla in una ciotola. Successivamente, macina 1/4 di tazza di eritritolo in un tritatutto fino a ottenere una polvere. Metti nella stessa ciotola del pasto di chia.
- Mettere 2/3 delle noci pecan arrostite nel robot da cucina.
- Lavorare le noci, raschiando i lati secondo necessità, fino a formare un burro di noci liscio.
- Aggiungere 3 uova grandi, 10 gocce di stevia liquida, 3 cucchiai. SF Sciroppo Torani al caramello salato e un pizzico di sale alla miscela di chia. Mescola bene insieme.
- Aggiungere il burro di noci pecan alla pastella e mescolare di nuovo.

- Usando un mattarello, rompere il resto delle noci pecan arrostite in pezzi all'interno di un sacchetto di plastica.
- Aggiungere le noci pecan tritate e 1/4 di tazza di burro fuso nella pastella.
- Mescolare bene la pastella, quindi aggiungere 3 cucchiai. Panna pesante e 1 cucchiaino. Lievito in polvere. Mescola tutto bene insieme.
- Misurare la pastella in una teglia 9 × 9 e lisciare.
- Cuocere per 20 minuti o fino alla consistenza desiderata.
- Lasciate raffreddare per circa 10 minuti. Taglia i bordi del brownie per creare un quadrato uniforme. Questo è ciò che io chiamo "il dolce dei fornai" - sì, hai indovinato!
- Fai uno spuntino a quei ragazzacci mentre li prepari a servire a tutti gli altri. La cosiddetta "parte migliore" del brownie sono i bordi, ed è per questo che meriti di averlo tutto.
- Servi e mangia il contenuto del tuo cuore (o meglio delle macro)!

c) Brownies di mele

a) 1/2 tazza burro ammorbidito
b) 1 c. zucchero
c) 1 t. estratto di vaniglia
d) 1 uovo, sbattuto
e) 1-1 / 2 c. Farina per tutti gli usi
f) 1/2 t. bicarbonato di sodio

- Preriscalda il forno a 175 ° C. Ungere una pirofila da 9x9 pollici.
- In una grande ciotola, sbatti insieme il burro fuso, lo zucchero e l'uovo fino a renderli spumosi. Incorporate le mele e le noci. In una ciotola a parte, setacciare insieme la farina, il sale, il lievito, il bicarbonato di sodio e la cannella.
- Mescolare la miscela di farina nella miscela bagnata fino a quando non si è appena amalgamata. Distribuire uniformemente la pastella nella teglia preparata.
- Cuocere 35 minuti in forno preriscaldato, o fino a quando uno stuzzicadenti inserito al centro risulta pulito.

d) Brownies alla corteccia di menta piperita

- 20 once pkg. brownie al cioccolato fondente
- 12 once pkg. gocce di cioccolato bianco
- 2 t. margarina
- 1-1 / 2 c. bastoncini di zucchero, schiacciati

1 Preparare e cuocere il mix per brownie secondo le indicazioni sulla confezione, utilizzando una teglia da forno unta di 13 "x9". Dopo la cottura, raffreddare completamente in padella.

2 In una casseruola a fuoco bassissimo, sciogliete le gocce di cioccolato e la margarina, mescolando continuamente con una spatola di gomma. Distribuire la miscela sui brownies; cospargere di caramelle tritate.

3 Lasciate riposare per circa 30 minuti prima di tagliare a quadrati. Fa 2 dozzine.

e) Barrette al burro di arachidi Keto

INGREDIENTI

La crosta
a) 1 tazza di farina di mandorle
b) 1/4 tazza di burro, sciolto
c) 1/2 cucchiaino. Cannella
d) 1 cucchiaio. Eritritolo
e) Pizzico di sale

The Fudge
a) 1/4 tazza di crema pesante
b) 1/4 tazza di burro, sciolto
c) 1/2 tazza di burro di arachidi
d) 1/4 tazza di eritritolo
e) 1/2 cucchiaino. Estratto di vaniglia
f) 1/8 cucchiaino. Xanthan Gum

I condimenti
g) 1/3 di tazza di cioccolato al giglio, tritato

INDICAZIONI

- Preriscalda il forno a 400 ° F. Fai sciogliere 1/2 tazza di burro. Metà sarà per la crosta e metà per il fondente. Unire la farina di mandorle e metà del burro fuso.

- Aggiungi eritritolo e cannella, quindi mescola insieme. Se stai usando burro non salato, aggiungi un pizzico di sale per far risaltare più sapori.

- Mescolare fino ad ottenere un composto omogeneo e premere sul fondo di una pirofila rivestita di carta forno. Cuocere la crosta per 10 minuti o fino a quando i bordi non saranno dorati. Tiralo fuori e lascialo raffreddare.

- Per il ripieno, unisci tutti gli ingredienti del fondente in un piccolo frullatore o robot da cucina e frulla. Puoi anche usare uno sbattitore elettrico e una ciotola.

- Assicurati di raschiare i lati e di ottenere tutti gli ingredienti ben combinati.

- Dopo che la crosta si è raffreddata, distribuire delicatamente lo strato di fondente fino ai lati della teglia. Usa una spatola per uniformare meglio che puoi.

- Appena prima di raffreddare, completa le barrette con un po 'di cioccolato tritato. Questo può essere sotto forma di gocce di cioccolato senza zucchero, cioccolato fondente senza zucchero o semplicemente buon vecchio cioccolato fondente. Ho usato il cioccolato zuccherato Stevia di Lily.

- Mettete in frigorifero per una notte o congelate se lo desiderate presto.

- Una volta raffreddato, rimuovere le barre tirando fuori la carta forno. Cuoci in 8-10 barrette e servi! Queste barrette al burro di arachidi dovrebbero essere gustate fredde! Se li porti con te, assicurati di trasportarli in una borsa termica per tenerli fermi.

f) Brownies di zucchine preferiti

h) 1/4 c. burro, sciolto
i) 1 c. Brownies al burro di arachidi
j) 1 uovo, sbattuto
k) 1 t. estratto di vaniglia
l) 1 c. Farina per tutti gli usi
m) 1 t. lievito in polvere
n) 1/2 t. bicarbonato di sodio
o) 1 cucchiaio d'acqua
p) 1/2 t. sale
q) 2-1 / 2 cucchiai di cacao da forno
r) 1/2 tazza Noci tritate
s) 3/4 c. zucchine, sminuzzate
t) 1/2 tazza gocce di cioccolato semidolce

- In una ciotola grande, mescola tutti gli ingredienti tranne le gocce di cioccolato.
- Distribuire la pastella in una teglia da forno unta 8 "x8"; cospargere la pastella con gocce di cioccolato.
- Infornate a 350 gradi per 35 minuti. Raffreddare prima di tagliare in barre. Fa una dozzina.

g) Brownies al cioccolato e malto

- 12 once pkg. gocce di cioccolato al latte
- 1/2 tazza burro ammorbidito
- 3/4 c. zucchero
- 1 t. estratto di vaniglia
- 3 uova sbattute
- 1-3 / 4 c. Farina per tutti gli usi
- 1/2 tazza latte in polvere maltato
- 1/2 t. sale
- 1 c. palline di latte al malto, tritate grossolanamente
1. Sciogliere le gocce di cioccolato e il burro in una casseruola a fuoco basso, mescolando spesso. Togliere dal fuoco; lasciare raffreddare leggermente.
2. Mescolare i restanti ingredienti tranne le palline di latte al malto nell'ordine indicato.
3. Distribuire la pastella in una teglia da forno unta di 13 "x9". Cospargere con palline di latte al malto; infornare a 350 gradi per 30-35 minuti. Freddo. Tagliare a barrette. Fa 2 dozzine.

h) Brownies tedeschi al cioccolato

- 14 once pkg. caramelle, da scartare
- 1/3 c. latte evaporato
- 18-1 / 4 oz. pkg. Preparato per torta al cioccolato tedesco
- 1 c. Noci tritate
- 3/4 c. burro, sciolto
- Da 1 a 2 c. gocce di cioccolato semidolce
1. Sciogliere i caramelli con il latte evaporato a bagnomaria. In una ciotola, unire la miscela per torta secca, le noci e il burro; mescolare fino a quando la miscela non si unisce. Premere metà della pastella in una teglia imburrata e infarinata 13 "x9".
2. Infornate a 350 gradi per 6 minuti. Sfornare; Cospargere con gocce di cioccolato e irrorare con la miscela di caramello. Spoon la pastella rimanente sopra.
3. Infornare a 350 gradi per 15-18 minuti in più. Freddo; tagliato a barre. Rende 1-1 / 2 dozzine.

16. Matcha Green Tea Fudge

Ingredienti:

- Burro di mandorle tostate, 85 g
- Farina d'avena, 60 g
- Latte di mandorle alla vaniglia non zuccherato, 1 tazza
- Proteine in polvere, 168 g
- Cioccolato fondente, 4 oz. fuso
- Tè verde Matcha in polvere, 4 cucchiaini
- Estratto di Stevia, 1 cucchiaino
- Limone, 10 gocce

Metodo:

1. Sciogliere il burro in una casseruola e aggiungere la farina d'avena, il tè in polvere, le proteine in polvere, le gocce di limone e la stevia. Mescolare bene.
2. Ora versa il latte e mescola continuamente fino a quando non è ben combinato.
3. Trasferire il composto in una teglia e conservare in frigorifero fino a quando non si solidifica.
4. Versare sopra il cioccolato fuso e riporre in frigorifero fino a quando il cioccolato non sarà sodo.
5. Taglia in 5 barrette e divertiti.

17. Brownies di pan di zenzero

- 1-1 / 2 c. Farina per tutti gli usi
- 1 c. zucchero
- 1/2 t. bicarbonato di sodio
- 1/4 c. cacao in polvere
- 1 t. zenzero macinato
- 1 t. cannella
- 1/2 t. Chiodi di garofano
- 1/4 c. burro, sciolto e leggermente raffreddato
- 1/3 c. melassa
- 2 uova sbattute
- Decorazione: zucchero a velo

1. In una ciotola capiente, unire farina, zucchero, bicarbonato di sodio, cacao e spezie. In una ciotola separata, unisci burro, melassa e uova. Aggiungere la miscela di burro alla miscela di farina, mescolando fino a quando non è appena combinata.
2. Distribuire la pastella in una teglia da forno unta di 13 "x9". Infornare a 350 gradi per 20 minuti o fino a quando uno stuzzicadenti non risulta pulito quando viene inserito al centro.
3. Raffreddare in padella su una gratella. Cospargere di zucchero a velo. Taglia a quadrati. Fa 2 dozzine.

18. Brufoli al cioccolato al miele

Ingredients:

- 1 tazza di latte o olio
- ½ cucchiaio di polvere senza risposta
- 4 uova
- 1 cup honey
- 2 risposte vanilla
- 2 tazze di farina bianca non sbiancata
- 2 risposte al piatto
- ½ suggerimento di mare
- 1 cup uva passa s
- 1 cup noci tritate
  Indicazioni:
- Preriscaldare il forno a 350 gradi F.
- Montare il fondo, il cioccolato, la torta o la salsa e il miele insieme fino a metà. Aggiungi uova e vaniglia; mescolare bene.
- Aggiungere gli ingredienti secchi, mescolare fino a quando non si saranno inumiditi. Aggiungi le spezie e le noci e mescola bene.
- Versare la pastella in una teglia da forno unta 9x13 pollici. Cuocere per 45 minuti o fino a quando non si fa.
- Tagliare in 24 eqposti comuni (circa 2‖ x 2‖), each comerving hcome 2 taiutonš di culoer = alto daltri, or cut into 48 piocosì (circa 2‖ x 1‖) = medium doese.

19. Brownies alla menta

Ingredients:

- 1 cup butter
- 6 once di cioccolato indifferenziato
- 2 cucchiai di zucchero
- 1 cucchiaino da tè in polvere
- 1 cucchiaino e mezzo di vaniglia
- ½ cucchiaino di sale
- 1½ tazza di farina
- 1 tazza di noci o noci pecan, macinate finemente
- 1 1/2 once di cioccolato alla menta
- 4 uova

Indicazioni:

- Preriscaldare il forno.
- In un modo mediocre, fondere burro e cioccolato fondente a bassa temperatura, mescolando costantemente. Remove from heat and leeat.
- Ungere una padella da 9 × 13 pollici e osservare da parte. Mescolare lo zucchero nella miscela scelta nella casseruola. Va bene e anche facilmente alla miscela di cioccolato. Mescolare la vaniglia.
- In un boccale, mescolare insieme la farina, infornare e tagliare.
- Aggiungere la miscela di farina alla scelta della miscela fino a quando non si è mescolata. Mescolare le noci e la menta per scegliere le patatine. Mettere la pastella nella padella giusta.
- Cuocere per 30 minuti. Raffreddare su una griglia prima di iniziare.

20. Pecan Brownies

Ingredienti:
a) 1 cup butter
b) 2/3 cup cioccolato
c) 1 cucchiaino di estratto di vaniglia
d) Orange zestt (optional)
e) 5gg bianchi
f) 4 anni fa
g) 3/4 di tazza di zucchero
h) 1/3 cup farina
i) 1 cucchiaio di cocoa powder
j) 1/2 tazza di noci pecan crude

Indicazioni:
- Preriscaldare il forno a 220 gradi F.
- Usa un bagnomaria mettendo un bowl su una pentola con acqua o calore a fuoco medio.
- Aggiungi la tua scelta, ma, per favore, estrai e vai fino allo scozzese importante e mescola per incorporare.
- Togli la pentola dal fuoco e metti da parte. (Non avrai più bisogno di niente da questo punto su.)
- Metti il tuo uovo bianco in un boccale separato.
- Sbattere le uova di bianco fino a quando non si ottengono pezzi bianchi rigidi, utilizzando un mixer elettrico o una frusta; impostare a lato.
- Aggiungi il tuo uovo in un altro primo piatto e zucchero aggiunto. Mescolare per iniziare.
- Aggiungi la tua miscela di scelta alla miscela di uova e gesso e si avvicina facilmente a entrambi usando una spatola.
- Una volta iniziato, setacciare la tua farina, prendere il piatto e aggiungere le tue noci.
- Ora il tuo soffice uovo bianco diventa bianco alla miscela, e inizia tutto insieme usando una parte. Foderare un piatto da forno con una parte superiore e aggiungervi la miscela finale.
- Ora infornate per 60 minuti e le vostre briciole saranno pronte.

21. Brownies alla menta con salsa al caramello

INGREDIENTI

Brownies

a) 1 tazza (230 g) di burro non salato
b) 2 once di cioccolato semidolce, tritato grossolanamente
c) 300 g di zucchero semolato
d) 1/2 tazza (100 g) di zucchero di canna chiaro confezionato
e) 2 uova grandi, a temperatura ambiente
f) 2 cucchiaini di puro estratto di vaniglia
g) 1/2 cucchiaino di sale
h) 1/2 tazza + 3 cucchiai (85 g) di farina multiuso (cucchiaio e livellato)
i) 1/4 tazza (21 g) di cacao in polvere naturale non zuccherato
Strato di glassa alla menta

- 115 g di burro non salato, ammorbidito a temperatura ambiente
- 2 tazze (240 g) di zucchero a velo
- 2 cucchiai (30 ml) di latte
- 1 e 1/4 cucchiaino di estratto di menta piperita *
- opzionale: 1 goccia di colorante alimentare liquido o gel verde
Strato di cioccolato
- 115 g di burro non salato
- 1 tazza colma (circa 200 g) di gocce di cioccolato semidolce

Salsa toffee salata

1. 7 TBSP. burro
2. 9 TBSP. burro non salato
3. 1 tazza di panna
4. 1 tazza di zucchero di canna scuro, ben confezionata
5. ½ cucchiaino. sale

Istruzioni

Per i brownies:

1. Sciogliere il burro e il cioccolato tritato in una casseruola media a fuoco medio, mescolando continuamente, per circa 5 minuti. Oppure sciogliere in una ciotola media adatta al microonde con incrementi di 20 secondi, mescolando dopo ciascuno, nel microonde. Togli dal fuoco, versa in una ciotola capiente e lascia raffreddare leggermente per 10 minuti.
2. Regola la griglia del forno nella terza posizione inferiore e preriscalda il forno a 177 ° C. Foderare il fondo e i lati di una teglia 9 × 13 * con un foglio di alluminio o carta forno, lasciando una sporgenza su tutti i lati. Mettere da parte.
3. Sbatti gli zuccheri granulati e marroni nella miscela di cioccolato / burro raffreddata. Aggiungere le uova, una alla volta, sbattendo fino ad ottenere un composto omogeneo dopo ogni aggiunta. Aggiungere la vaniglia. Aggiungere delicatamente il sale, la farina e il cacao in polvere. Versare la pastella nella teglia preparata e cuocere per 35-36 minuti o fino a quando i brownies iniziano a staccarsi dai bordi della teglia.
4. Una volta completamente raffreddato, sollevare la pellicola dalla padella utilizzando la sporgenza sui lati. Metti il tutto su una teglia mentre fai la glassa. Non tagliare ancora a quadrati.
Per lo strato di glassa alla menta:

- In una ciotola media utilizzando una planetaria o una planetaria dotata di una paletta, sbattere il burro a velocità media fino a ottenere un composto omogeneo e cremoso, circa 2 minuti. Aggiungere lo zucchero a velo e il latte. Batti per 2 minuti a bassa velocità, quindi aumenta ad alta velocità e batti per 1 minuto in più. Aggiungere l'estratto di menta piperita e il colorante alimentare (se utilizzato) e battere in alto per 1 minuto intero. Assaggia e aggiungi una o due gocce di estratto di menta piperita se lo desideri.
- Brownies ghiacciati che hai posizionato sulla teglia e posiziona la teglia in frigorifero. Ciò consente alla glassa di "fissarsi" sopra i brownies, il che rende facile la stesura dello strato di cioccolato. Tenere in frigorifero per almeno 1 ora e fino a 4 ore.

Per lo strato di cioccolato:

a) Sciogliere il burro e le gocce di cioccolato in una casseruola media a fuoco medio, mescolando continuamente, per circa 5 minuti. Oppure sciogliere in una ciotola media adatta al microonde con incrementi di 20 secondi, mescolando dopo ciascuno, nel microonde. Una volta sciolto e liscio, versare sopra uno strato di menta.

b) Distribuire delicatamente con un coltello o una spatola offset. Mettere i brownies che sono ancora sulla teglia, in frigorifero e lasciarli raffreddare per 1 ora (e fino a 4 ore o anche per tutta la notte) per impostare il cioccolato.

c) Una volta raffreddate, toglietele dal frigorifero e tagliatele a quadretti. Per un taglio preciso, eseguire tagli molto veloci, utilizzando un coltello grande molto affilato e asciugando il coltello con un tovagliolo di carta tra ogni taglio. I brownies vanno bene a temperatura ambiente per alcune ore. Coprite bene e conservate gli avanzi in frigorifero fino a 5 giorni.

Per la salsa Toffee:

- In una casseruola media a fuoco medio-basso, unire il burro, il burro non salato, la panna, lo zucchero di canna scuro e il sale. Portare a ebollizione, mescolando spesso.

- Continua a cuocere a fuoco lento per 10 minuti finché la salsa non inizia a ridursi di dimensioni e ad addensarsi. Togliere dal fuoco. Lasciar raffreddare leggermente la salsa prima di servire.

22. Cioccolato e noce moscata Brownie

Ingredients:

1. 1/4 di libbra di peso
2. 1/4 pound dark chocolate
3. 1 tazza di zucchero bianco
4. 4 uova regolari
5. 1/2 cup plain flour
6. Nutmeg
7. Cannella
8. 2 tavole di vanilla

Indicazioni

- Premerli fino a 350 gradi F.
- Mettere la testa a fuoco basso, poi aggiungere il cioccolato (in cubetti è qbene) e dire che con il culo sciolto; mescolare regolarmente in modo che diventi la scelta migliore!
- Non appena il cioccolato si è sciolto completamente, dopo il primo, la noce moscata e lo zucchero bianco; mescolare e riposare per pochi minuti.
- Aggiungi le uova, una alla volta, facendole in modo che il gesso si rompa. Continua a mescolare la miscela a fuoco lento finché non è abbastanza piccola.
- Aggiungere la farina e il macinato fine possibile al mix. Se ti piacciono i dadi, allora puoi aggiungere un fileqQuasi un pezzo del tuo dado preferito, se lo desideri. Mescola bene; se è difficile mescolare, aggiungere un po 'di polvere di latte.
- Metti la tua miscela in una padella unta 9 x 13 pollici se non ne hai una, allora una piccola è OK - significa solo un più denso e possibilmente un po 'più grande in essa.
- Batti la tua miscela per 20-25 minuti, a volte è un po 'più grandequired.
- Una volta che sembra e sembra un bel biscotto, taglialo in circa 20 secondiquare. Non importa quanti quadrati, ovviamente.
- Dosaggio: aspetta un'ora e vedi come stai. Allora è quanto più necessario! Questi frullati hanno un sapore delizioso ed è difficile resistere a loro, ma non vuoi averne troppi e poi bianchi!

23. Peanut Butter Swirl Brownie

Ingredients:

- 2 risposte possono, spesso
- 2 cucchiai di zucchero
- 1 cucchiaio e mezzo di zucchero di canna
- 1 tabella di seguito
- 1 tuorlo d'uovo
- 3 cucchiai di farina
- Fin di poco
- Spruzzata di vaniglia
- 1 cucchiaio di miele di arachidi

Indicazioni:

1. Mescolare il tutto, zucchero, zucchero di canna, vaniglia e uovo fino a metà.
2. Mescolare il sale e la farina fino a quando non si saranno amalgamati bene. Mescolare le scelte per ultimo.
3. Versare in una pelle o in una tazza, quindi eseguire il topping con una noce di cocco.
4. Agitare leggermente con un coltello da culo.
5. 5,75 passi nel microwave fino a quando non si fa.

24. Brufoli di zucca

Ingredients:
1. 2/3 cup packed brown sugar
2. 1/2 zucca e zucca
3. 1 uovo intero
4. 2 bianchi d'uovo
5. 1/4 cup cannabutter
6. 1 tazza di farina integrale
7. 1 lezione di cottura al forno
8. 1 cucchiaino di cacao amaro in polvere
9. 1/2 cucchiaino da tè macinato ogni tanto
10. 1/2 cucchiaino di polvere macinata
11. 1/4 di commento in meno
12. 1/4 di degustazione di noce moscata g
13. 1/3 di pezzi di cioccolato semidolce

Indicazioni:

- Preriscaldare il forno a 350 gradi F.
- In un lungo boccale di miscelazione, unire lo zucchero di canna, la zucca, l'uovo intero, l'uovo bianco e l'olio.
- Batti con una frusta elettrica a fuoco medio fino a quando non si ottiene.
- Aggiungere la farina, la farina da forno, la salsa in polvere, la cannabis, il pimento, la noce di cocco e la noce moscata
- È rimasto basso fino a qualche minuto. Mescolare in diverse scelte scelte.
- Spruzzare 11 × 7 pollici di cottura con rivestimento antiriflesso.
- Pour batter in pan. Soprattutto.
- Bake 15 to 20 minuti o fino a quando un tooooothpick non viene inserito near, l'altro viene fuori a posto.

CORTECCHE, COSTOLINE E TORRONE

25. Corteccia di Buddha alla menta piperita

Ingredients:
1. 12 pezzi di cioccolato bianco
2. 6 scelte semidolce
3. 4 cucchiai di olio di noci
4. ½ cucchiaino di estratto di menta piperita
5. 3 caramelle possono (crostate)

Indicazioni

- Disporre una teglia da 9 × 9 pollici con un po 'di pergamena o un foglio di alluminio, assicurandosi di rovinare il fondo sugli lati del piano e su qualsiasi rughe come te ne vai. Questa interruzione garantirà una rapida pulizia e consentirà anche alla corteccia di menta piperita di sbarazzarsi facilmente del piano quando arriva il momento di introdurla in parti individuali.

- Mettere insieme le scelte semidolci e le scelte bianche. Per fare questo, creare un doppio bagno utilizzando una ciotola di acqua calda e una di conseguenza riempita di acqua. Scegli un boccale che si adatta perfettamente alla parte superiore della casseruola (non utilizzare un boccale che si trova in modo precario sul piano). Vorresti anche assicurarti che il fondo del gufo non faccia il rumore o rischi di bruciare la scelta.

- Inoltre, questa risposta utilizza 3 strati di cioccolato per il cioccolato (bianco, alternativamente, bianco). Sentiti libero di cambiareqQuante cose della scelta e invertire il senso (semidolce, bianco, alternativamente) se così per favore!

- Portare l'acqua in seguito a un altro, e mettere il boccale di cioccolato contenente il cioccolato bianco in seguito a questo punto.

- Mettere le patatine bianche scelte fino a quando non sono piccole

- Aggiungere 4 cucchiai di olio essenziale di noce e ½ cucchiaino di estratto di menta piperita.

- Mescolare fino a quando entrambi gli oli sono completamente disciolti nel cioccolato bianco. Oltre a medicare la carne, la noce di cocco creerà anche una bella lucentezza nella corteccia e le consentirà di avere un buon schiocco‖ quando breare su the piocosì.

- Una volta che il colore bianco è stato scelto, la scelta è di nuovo un po 'di nuovo, la nostra metà nel piano preparato. Inclinare il piano dopo che si è in mezzo al bianco medio, scegliere di assicurare anche un rivestimento / primo strato.
- Metti il posto nel frigorifero e consenti il primo strato di scelta a fine corsa, circa 30 minuti o giù di lì.
- Mentre il tuo primo pasticcino è impostato, ripeti i passaggi sopra indicati in precedenza per preparare una seconda volta e due volte la caldaia per i tuoi pezzi di cioccolato semidolce.
- Una volta che le tue scaglie di cioccolato semidolci sono state completamente addolcite, rimuovi il boccale dal bagnomaria.
- Prendi la padella per mettere il primo piatto di scelta bianca dal frigorifero e preparati a prendere l'intero piatto di scaglie di cioccolato fondente, anche se prima. È estremamente importante che lo strato iniziale di scelta bianca sia abbastanza difficile, poiché l'intromissione del secondo strato farà sì che si mescolino se non è la causa
- Distribuire la seconda e la seconda volta di più volte, scegliere le fiches su tutto il piano usando un coltello o un coltello.
- Metti il piatto in frigorifero come vuoi per la seconda volta di cioccolato per iniziare, ancora una volta circa 30 minuti o così.
- Quando è arrivato il secondo strato di scelta, aggiungere il terzo e il terzo strato di bianco scegliere sopra lo strato più sottile. Distribuire questo terzo strato in modo uniforme con una spatola.
- Mettere le caramelle in un sacchetto con cerniera lampo e prenderle in pezzi metallici usando la tazza di un mestolo o uno spillo.
- Strisciare le canne sopra il terzo e ultimo strato di bianco, scegliere di coprire l'intera superficie, e poi posizionare il piatto nel frigorifero fresco fino a 1 minuto.
- Quando si può mangiare, togliere il pane dal frigorifero e ripiegare sugli altri lati dell'alluminio - il martello dovrebbe sollevarsi direttamente dal piano!
- Metti il pacco in posti individuali e impacchettali per darli come regalo, o ascoltali immediatamente alle tue risposte!

26. Corteccia di cioccolato con noci pecan candite

Ingredienti:
a) 2 CUCCHIAI. burro
b) 1 tazza di noci pecan a metà
c) 2 CUCCHIAI. zucchero di canna chiaro o scuro, ben confezionato
d) 2 tazze di gocce di cioccolato fondente
e) 2 CUCCHIAI. zenzero cristallizzato

Indicazioni
a) In una piccola casseruola a fuoco basso, scaldare il burro per 2 o 3 minuti o fino a completo scioglimento. Aggiungere le metà delle noci pecan e mescolare per 3-5 minuti fino a quando non diventa fragrante e ricco di noci. Mescolare lo zucchero di canna chiaro, mescolando continuamente, per circa 1 minuto o fino a quando le noci pecan sono ricoperte in modo uniforme e hanno iniziato a caramellare. Togliere dal fuoco.
b) Distribuire le noci pecan caramellate su carta forno e lasciar raffreddare. Tritare grossolanamente le noci pecan e metterle da parte.
c) A bagnomaria a fuoco medio, mescolare le gocce di cioccolato fondente per 5-7 minuti o fino a quando non si saranno completamente sciolte.
d) Su una teglia rivestita di carta forno spalmate il cioccolato fuso.
e) Cospargere uniformemente le noci pecan caramellate e lo zenzero cristallizzato. Mettere da parte per 1 o 2 ore o finché il cioccolato non si è solidificato. Taglia o spezza la corteccia in 6 pezzi pari.
f) Conservazione: conservare coperto in un contenitore ermetico in frigorifero per un massimo di 6 settimane o nel congelatore per un massimo di 6 mesi.

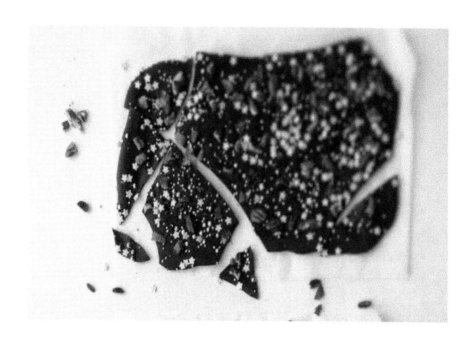

a) Blondies ai semi di chia e burro di noci pecan

INGREDIENTI

- 2 1/4 tazze di noci pecan, arrostite
- 1/2 tazza di semi di chia
- 1/4 tazza di burro, sciolto
- 1/4 tazza di eritritolo, in polvere
- 3 cucchiai. SF Torani Caramello Salato
- gocce di stevia liquida
- 3 uova grandi
- 1 cucchiaino. Lievito in polvere
- 3 cucchiai. Crema pesante
- 1 pizzico di sale

INDICAZIONI

a) Preriscalda il forno a 350F. Misura 2 1/4 di tazza di noci pecane infornate per circa 10 minuti. Quando senti un aroma di nocciola, rimuovi le noci

b) Macina 1/2 tazza di semi di chia interi in un macina spezie fino a quando non si forma un pasto.

c) Rimuovere la farina di chia e metterla in una ciotola. Successivamente, macina 1/4 di tazza di eritritolo in un tritatutto fino a ottenere una polvere. Metti nella stessa ciotola del pasto di chia.

d) Mettere 2/3 delle noci pecan arrostite nel robot da cucina.

e) Lavorare le noci, raschiando i lati secondo necessità, fino a formare un burro di noci liscio.

f) Aggiungere 3 uova grandi, 10 gocce di stevia liquida, 3 cucchiai. SF Sciroppo Torani al caramello salato e un pizzico di sale alla miscela di chia. Mescola bene insieme.

g) Aggiungere il burro di noci pecan alla pastella e mescolare di nuovo.

h) Usando un mattarello, rompere il resto delle noci pecan arrostite in pezzi all'interno di un sacchetto di plastica.

i) Aggiungere le noci pecan tritate e 1/4 di tazza di burro fuso nella pastella.

j) Mescolare bene la pastella, quindi aggiungere 3 cucchiai. Panna pesante e 1 cucchiaino. Lievito in polvere. Mescola tutto bene insieme.

k) Misurare la pastella in una teglia 9 × 9 e lisciare.

l) Cuocere per 20 minuti o fino alla consistenza desiderata.

m) Lasciate raffreddare per circa 10 minuti. Taglia i bordi del brownie per creare un quadrato uniforme. Questo è ciò che io chiamo "il dolce dei fornai" - sì, hai indovinato!

n) Fai uno spuntino a quei ragazzacci mentre li prepari a servire a tutti gli altri. La cosiddetta "parte migliore" del brownie sono i bordi, ed è per questo che meriti di averlo tutto.

o) Servi e mangia il contenuto del tuo cuore (o meglio delle macro)!

28. Mango essiccato ricoperto di cioccolato

Ingredienti:
a) 1 tazza di gocce di cioccolato fondente
b) 2 CUCCHIAI. olio di cocco
c) 12 pezzi grandi di mango essiccato non zuccherato
d) 6 TBSP. cocco grattugiato (facoltativo)

Indicazioni
- Foderate una teglia con carta da forno e mettete da parte. A bagnomaria a fuoco medio, unire le gocce di cioccolato fondente e l'olio di cocco.
- Mescolare per 5-7 minuti o fino a quando il cioccolato è completamente sciolto e completamente combinato con l'olio di cocco. Togliere dal fuoco.
- Con una forchetta o con le mani, immergi ogni pezzo di mango nel cioccolato fuso e lascia che l'eccesso goccioli nuovamente nella ciotola. Posizionare i pezzi di mango immersi sulla teglia preparata.
- Cospargere il cocco grattugiato (se utilizzato) sui pezzi di mango immersi. Mettete in frigorifero per 30 minuti o fino a quando il cioccolato non si è solidificato.
- Conservazione: conservare coperto in un contenitore ermetico in frigorifero per un massimo di 6 settimane o nel congelatore per un massimo di 6 mesi.

29. Aste pretzel con cioccolato bianco

Ingredienti:
- ¼ di tazza di caramelle mou
- 1 tazza di cioccolato bianco si scioglie
- 2 CUCCHIAI. burro
- 6 aste di pretzel

Indicazioni

- Foderate una teglia con carta da forno e mettete da parte. Versare i pezzetti di caramello su un piatto basso vicino alla teglia.
- A bagnomaria a fuoco medio, unire il cioccolato bianco si scioglie e il burro, mescolando di tanto in tanto, per 5-7 minuti fino a quando il cioccolato bianco è completamente sciolto.
- Immergere ¾ di ciascuna bacchetta di pretzel nel cioccolato bianco fuso, lasciando che il cioccolato in eccesso goccioli nuovamente nella pentola.
- Arrotolare ogni asta di pretzel in pezzetti di caramello e disporli sulla teglia preparata. Lasciar riposare per almeno 30 minuti.
- Conservazione: conservare in frigorifero in un contenitore ermetico per un massimo di 1 mese.

30. Torrone al cioccolato

Ingredienti:
a) ¾ tazza di zucchero semolato
b) ⅓ tazza di sciroppo di mais leggero
c) ¼ di tazza di pistacchi tritati
d) ¾ tazza di mandorle affettate
e) 2 CUCCHIAI. burro
f) 1 tazza di gocce di cioccolato fondente

Indicazioni

a) Foderate una teglia con carta da forno e mettete da parte. In una casseruola media a fuoco medio, mescolare lo zucchero e lo sciroppo di mais leggero per 5-7 minuti fino a quando la miscela si è sciolta e inizia a caramellare.
b) Mescolare i pistacchi, le mandorle e il burro e mescolare per 2 o 3 minuti per tostare leggermente le mandorle. (Non bollire.)
c) Trasferire il composto di torrone sulla teglia preparata e guarnire con un altro foglio di carta da forno. Distribuire uniformemente con un mattarello fino a uno spessore di circa ½ pollice (1,25 cm). Tagliate in 12 pezzi.
d) A bagnomaria a fuoco medio, scaldare le gocce di cioccolato fondente per 5-7 minuti o finché non si sciolgono.
e) Immergere i pezzi di torrone nel cioccolato fuso, coprendo solo metà del torrone, e tornare nella teglia rivestita di carta da forno. Lasciar riposare il cioccolato per almeno 1 ora.
f) Conservazione: conservare in un contenitore ermetico per un massimo di 1 settimana.

TARTUFI DOLCI E PALLINE

31. Peanut Butter Balls

Articoli necessari:
- Mescolando bowl
- Double boiler
- Prova
- Wax paper
- Troppo

Ingredients:
- 1 1/2 tazza di nocciola
- 1 busto cannabutter (hardened)
- 4 pezzi di suga r
- 1 1/3 fa Graham cracker crumbs
- 2 tazze alternate scelte
- 1 tabella di accorciamento

Direttive:

a) Metti il calcio di arachidi e il cannello in un grande boccale di miscelazione. Lentamente blend nello zucchero delle sostanze nutritive, assicurandosi che non si misuri. Aggiungere le briciole di cioccolato e mescolare fino a quando non diventa abbastanza scivoloso da formare delle palline.
b) Crea palline da un pollice di diametro.
c) Mettere il cioccolato in pezzi e accorciare in una doppia ciotola. Metti uno stuzzicadenti in ogni palla e poi immergili uno per uno nella miscela di cioccolato.
d) Metti le palle sbagliate scelte in un secondo momento. Lasciare in frigorifero per circa 30 minuti finché le palline non sono completamente scivolate.

32. Ancho chile tartufi

Ingredienti:
a) ⅔ tazza di panna
b) 5 TBSP. burro
c) 3 cucchiaini. ancho chile in polvere
d) 2 cucchiaini. cannella in polvere
e) Un pizzico di sale
f) ½ libbra (225 g) di cioccolato agrodolce, tritato
g) 1 cucchiaino. polvere di cacao

Indicazioni
1. Rivesti una teglia da forno da 23 × 33 cm con carta da forno e metti da parte. In una casseruola media a fuoco medio-basso, unire la panna, 3 cucchiai di burro, 2 cucchiaini di ancho chile in polvere, la cannella e il sale. Portare la miscela a ebollizione, coprire e togliere dal fuoco. Lasciar riposare per 2 ore.
2. Riporta la casseruola a fuoco medio-basso. Una volta che avrà raggiunto il bollore, togliere dal fuoco e aggiungere il cioccolato agrodolce e i 2 cucchiai rimanenti di burro. Mescolare per 2 o 3 minuti o fino a quando il cioccolato si è sciolto e il composto è liscio. Versate nella teglia preparata e lasciate raffreddare in frigorifero per 4 ore.
3. Usando un cucchiaio e le mani, forma il composto in 16 palline da 2,5 cm. Mettere le palline su una teglia pulita rivestita di carta da forno e lasciare raffreddare in frigorifero per 30 minuti.
4. In una piccola ciotola, unire il restante 1 cucchiaino di ancho chile in polvere e il cacao in polvere. Arrotolare le palline in polvere e riporle sulla carta forno.
5. Conservazione: consumare lo stesso giorno a temperatura ambiente o conservare in un contenitore ermetico in frigorifero per un massimo di 1 settimana.

33. Tartufi al cioccolato

Tempo di preparazione: 15-20 minuti
Tempo di cottura: 0 minuti
Porzioni: 10-12

Ingredienti:

- ½ tazza di burro ammorbidito
- ½ tazza di zucchero a velo
- ¼ tazza di cacao amaro in polvere
- ½ tazza di farina di mandorle
- Un pizzico di sale grosso
- Estratto di mandorle tritate
- Estratto di vaniglia un po '
- 24 mandorle intere, tostate nel burro e sale
- 1 tazza di cocco grattugiato non zuccherato

Indicazioni:

- Foderare una teglia con carta da forno. In una ciotola mettete tutti gli ingredienti preparati tranne le mandorle intere e il cocco e mescolate delicatamente fino ad ottenere un composto abbastanza omogeneo.
- Arrotolare i cucchiaini della miscela tra i palmi delle mani fino a formare delle palline. (Lavorare velocemente, poiché il burro diventa molto morbido velocemente. Riporre in frigorifero per qualche minuto se il composto diventa troppo morbido.)
- Se usi le mandorle tostate, infilane una al centro di ciascuna e arrotolale di nuovo velocemente per lisciare le cose.
- Metti il cocco in una ciotola e rotola le palline nel cocco fino a quando non sono ricoperte. Posizionare sulla teglia e conservare in frigorifero per rassodare. Conserva i munchies in un contenitore di vetro in frigorifero.

34. Ciliegie ricoperte di cioccolato

Tempo di preparazione: 1 ½ ora.
Tempo di cottura: 5 minuti
Porzioni: 12

Ingredienti:
- 24 ciliegie con gambo (togli le noccioline o usa quelle essiccate)
- 1 tazza di gocce di cioccolato al latte
- 1 tazza di gocce di cioccolato fondente
- ¼ tazza di olio di cocco

Indicazioni:

a) In una ciotola adatta al microonde, riscaldare le gocce di cioccolato fondente, le gocce di cioccolato al latte e l'olio di cocco.
b) Riscaldare la miscela per intervalli di 20 secondi e mescolare a turno fino a quando non si sarà finalmente sciolta.
c) Assicurati che il cioccolato non sia troppo caldo. Coprite le ciliegie con il cioccolato e lasciate sgocciolare il cioccolato in eccesso. Adagia le ciliegie su un foglio di carta cerata.
d) Una volta che tutte le ciliegie sono pronte, trasferitele in frigorifero per 1 ora
e) Se lo desideri, ricopri due volte le ciliegie (trasferisci di nuovo in frigorifero) Buon divertimento!

35. Fudge napoletano

INGREDIENTI
a) ½ tazza di burro ammorbidito
b) 1/2 tazza di olio di cocco
c) 1/2 tazza di panna acida
d) 1/2 tazza di crema di formaggio
e) 2 cucchiai. Eritritolo
f) 25 gocce di stevia liquida
g) 2 cucchiai. Polvere di cacao
h) 1 cucchiaino. Estratto di vaniglia
i) 2 fragole medie

INDICAZIONI
9. In una ciotola, unisci burro, olio di cocco, panna acida, crema di formaggio, eritritolo e stevia liquida.
10. Usando un frullatore ad immersione, unisci gli ingredienti fino a ottenere un composto omogeneo.
11. Dividi il composto in 3 ciotole diverse. Aggiungi il cacao in polvere in una ciotola, le fragole in un'altra ciotola e la vaniglia nell'ultima ciotola.
12. Mescolare nuovamente tutti gli ingredienti utilizzando un frullatore ad immersione. Separare la miscela di cioccolato in un contenitore con beccuccio.
13. Versare il composto di cioccolato in uno stampo per bombe grasse. Mettere in freezer per 30 minuti, quindi ripetere con il composto di vaniglia.
14. Congela la miscela di vaniglia per 30 minuti, quindi ripeti il processo con la miscela di fragole. Congela di nuovo per almeno 1 ora.
15. Una volta che sono completamente congelati, rimuovi dagli stampini delle bombe grasse.

36. Polpette di broccoli al formaggio

INGREDIENTI

Le frittelle
- 250 g di burro fuso
- 3/4 tazza di farina di mandorle
- 1/4 tazza + 3 cucchiai. Farina Di Semi Di Lino
- oz. Broccoli freschi
- oz. Formaggio mozzarella
- 2 uova grandi
- 2 cucchiaini. Lievito in polvere
- Sale e pepe a piacere
INDICAZIONI
- Aggiungere i broccoli a un robot da cucina e frullare fino a quando i broccoli non si saranno rotti in piccoli pezzi. Vuoi che sia ben elaborato.
- Mescolare il formaggio, la farina di mandorle, il burro, la farina di semi di lino e il lievito con i broccoli. Se vuoi aggiungere qualche condimento extra (sale e pepe), fallo a questo punto.
- Aggiungere le 2 uova e mescolare bene fino a incorporare tutto.
- Arrotolare la pastella in palline e poi ricoprire con farina di semi di lino.
- Continua a farlo con tutta la pastella e metti da parte su carta assorbente.
- Riscalda la tua friggitrice a 375F. Uso questa friggitrice. Una volta pronte, adagiare le frittelle di broccoli e formaggio all'interno del cestello, senza sovraffollarlo.
- Friggere le frittelle fino a doratura, circa 3-5 minuti. Una volta fatto, adagiare su carta assorbente per scolare il grasso in eccesso e condire secondo i vostri gusti.
- Sentiti libero di preparare una salsa piccante con aneto e maionese al limone. Godere

37. Ciliegie Chocolate

Ingredients:
- 1 cup dark chocolate chips
- 1 fetta di cioccolato al latte
- ¼ di tazza di olio di cocco
- 24 scelte con i gambi (sono state mostrate e asciugate; se usate altre cose, ricordate di rimuovere la parte!)

Indicazioni:
- Scegliete il latte, scaldate le scelte e l'olio di noci in una ciotola pulita. Rimuovere e mescolare ogni 20 volte fino a quando non si è addensato. La scelta dovrebbe essere warm ma non hot.
- Fai asciugare le cose con gli steli in scelta, una alla volta, consentendo alla scelta in eccesso di gocciolare nella ciotola.
- Impostare le opzioni su un luogo in cui asciugare. Ripeti fino a quando tutte le cause sono state risolte. SAVE EXTRA SCELTA SUL LATO
- Mettere le ciliegie in frigorifero per 1 ora.
- Risalite il cioccolato e rimuovete le ciliegie dal frigorifero.
- Immergere ogni piatto nella salsa scelta per una seconda volta. Rimettere le ciliegie in frigorifero per raffreddarle 1 ora prima di

iniziare.

38. Tortini alla menta

Ingredienti:
- ½ tazza di sciroppo di mais leggero
- 2 cucchiaini di estratto di menta piperita
- ½ tazza di burro ammorbidito
- 2 gocce di colorante alimentare (facoltativo)
- 9 tazze di zucchero a velo setacciato (circa 2 libbre)

Indicazioni:

a) Usa una terrina per mescolare lo sciroppo di mais, l'estratto di menta piperita e il burro al forno o la margarina leggermente sciolti. Quindi aggiungere lo zucchero, poco alla volta, e incorporarlo al composto. Aggiungi la quantità di colorante alimentare per ottenere il colore desiderato e mescola bene.

b) Arrotolare questa miscela in piccole palline. Disporli a pochi centimetri l'uno dall'altro su una teglia rivestita con carta oleata. Usa una forchetta per renderle piatte.

c) Lasciate riposare le polpette alla menta in frigorifero per diverse ore. Togli le polpette dal frigorifero e lasciale asciugare a temperatura ambiente per diversi giorni.

d) Dopo qualche giorno, quando le polpette saranno secche, trasferitele in un contenitore con coperchio ermetico e conservatele in frigorifero.

39. Palline di marshmallow alle noci

Ingredients:
- 2 once di culo
- 2 cucchiai di cacao
- 3 tazze di latte condensato
- 2 cucchiai di zucchero bruno
- 1/8 una volta finemente macinato può o può essere di alta qualità
- 6 once di noce di cocco essiccata
- 5 once un po 'di marshmallow bianco

Indicazioni:

a) Dopo aver sciolto il burro in una padella, mescolare la salsa, il latte, lo zucchero e l'hashish. Continuare ad andare avanti, iniziando in seguito, finché le cose non si sono fuse insieme. Stai molto attento a non toccarlo.

b) Lontani dalla testa e poi dalla maggior parte della noce, basta solo per una decisione finale. Ora dividi la tua miscela in 15 palline di dimensioni simili, e poi appiattiscile appena abbastanza per essere sbattuto intorno a un qualcosa di simile.

c) Dopo aver bevuto un marshmallow, rimuovili ciascuno nella tua noce di cocco rimanente fino a quando non è stata applicata una ricetta genuina.

d) Si consiglia di mangiare solo 1-2 a persona, per favorire le loro storie.

40. Palline appiccicose al burro di nocciole

Resa: 15 palline appiccicose

Ingredienti:

a) 250 g di burro fuso
b) 225 g circa
c) 250 g di burro di arachidi
d) 3 cucchiai di miele
e) 2 cucchiai ground cinnamo n
f) 2 cucchiai di cacao in polvere

Indicazioni:

a) Metti tutti gli ingredienti in una ciotola grande e mescola fino a quando tutto è mescolato.
b) Mettere il mix in frigorifero e lasciarlo per 10-20 minuti.
c) Modellare la miscela in sfere individuali, alla dimensione della vostra occasione. Dopo di che, rilasciarlo su qualche cera da impostare.
d) Alcuni preferiscono aggiungere altri ingredienti, come ad esempio walnuts, raisins, Rice Krispies o Corn Flakes, solo per sperimentare.
e) È possibile aggiungere più avena se si trova il risultato finale un po 'troppo appiccicoso e buono, oppure aggiungere più olio o burro di arachidi se si rivela troppo secco. Si tratta solo di essere attivi e di aggiungere il proprio tocco a questa decisione.
f) Una volta fatto, ora sei pronto per servire questa ricetta vera, che può essere mangiata per dessert, uno spuntino o quasi in qualsiasi momento della giornata che scegli di avere un piatto.
g) Godere!

41. Palle di neve

Tempo di preparazione: 1 ½ ora.
Tempo di cottura: 20-25 minuti
Porzioni: 12

Ingredienti:
8. 1 tazza di burro, ammorbidito
9. 1/4 tazza di zucchero
10. 1 cucchiaino. puro estratto di vaniglia
11. 2 tazze di farina per tutti gli usi
12. 2 cucchiai. amido di mais
13. 1 tazza di mandorle tostate non salate, tritate finemente
14. 1/4 cucchiaino. sale
15. 1 tazza di zucchero a velo per ricoprire

Indicazioni:

- Utilizzando un robot da cucina o uno sbattitore a mano, sbattere il burro con 1/4 di tazza di zucchero fino a renderlo cremoso. Aggiungi l'estratto di vaniglia. Sbattere delicatamente la farina, l'amido di mais, le mandorle tostate e il sale fino a quando non sono ben amalgamati. Avvolgere in pellicola trasparente e conservare in frigorifero per un'ora. Preriscaldare il forno a 325 °, tirare fuori dal frigorifero l'impasto freddo e ottenere circa un cucchiaio. di pasta quindi modellarlo in una palla da 1 pollice.
- Disporre le palline sulla teglia da forno a circa 1 pollice di distanza. Cuocere i biscotti sul ripiano centrale del forno per 20 minuti, o finché non saranno dorati e solidificati. Riempi una ciotola poco profonda con 1 tazza di zucchero a velo setacciato. Lasciar raffreddare per circa 5 minuti e, una volta raffreddati abbastanza da poterli toccare, arrotolare i biscotti nello zucchero a velo e metterli da parte sulla griglia rivestita di carta da forno per farli raffreddare completamente. Quando è freddo, spolverare di nuovo nello zucchero a velo e conservare in un contenitore ermetico.

BOMBE DI GRASSI DA DESSERT

- **Bombe di grasso napoletane**

INGREDIENTI

- 1/2 tazza di burro
- 1/2 tazza di olio di cocco
- 1/2 tazza di panna acida
- 1/2 tazza di crema di formaggio
- 2 cucchiai. Eritritolo
- 25 gocce di stevia liquida
- 2 cucchiai. Polvere di cacao
- 1 cucchiaino. Estratto di vaniglia
- 2 fragole medie

INDICAZIONI

- In una ciotola, unisci burro, olio di cocco, panna acida, crema di formaggio, eritritolo e stevia liquida.
- Usando un frullatore ad immersione, unisci gli ingredienti fino a ottenere un composto omogeneo.
- Dividi il composto in 3 ciotole diverse. Aggiungi il cacao in polvere in una ciotola, le fragole in un'altra ciotola e la vaniglia nell'ultima ciotola.
- Mescolare nuovamente tutti gli ingredienti utilizzando un frullatore ad immersione. Separare la miscela di cioccolato in un contenitore con beccuccio.
- Versare il composto di cioccolato in uno stampo per bombe grasse. Mettere in freezer per 30 minuti, quindi ripetere con il composto di vaniglia.
- Congela la miscela di vaniglia per 30 minuti, quindi ripeti il processo con la miscela di fragole. Congela di nuovo per almeno 1 ora.
- Una volta che sono completamente congelati, rimuovi dagli stampini delle bombe grasse.

- **Pops grassi di acero e pancetta**

  INGREDIENTI
  1. 2 cucchiai di burro di cocco
  2. Cake Pops Al Bacon D'acero
  3. 6 Oz. Hamburger Affumicatoio Country Bacon
  4. 5 uova grandi, separate
  5. 1/4 tazza di sciroppo d'acero
  6. 1/2 cucchiaino. Estratto di vaniglia
  7. 1/4 tazza di eritritolo
  8. 1/4 cucchiaino. Stevia liquida
  9. 1 tazza di farina di mandorle Honeyville
  10. 2 cucchiai. Buccia di psillio in polvere
  11. 1 cucchiaino. Lievito in polvere
  12. 1/2 cucchiaino. Crema di Tartaro
  13. Glassa al caramello salato 5 cucchiai. Burro
  14. 5 cucchiai. Crema pesante
  15. 2 1/2 cucchiai. Caramello Salato Senza Zucchero Torani

  INDICAZIONI
  1. Affetta 6 Oz. Burgers 'Smokehouse Country Bacon in piccoli pezzi.
  2. Congelare la pancetta per 30 minuti prima o usare le forbici normalmente aiuta in questo processo.
  3. Riscaldare una padella a fuoco medio-alto e cuocere la pancetta fino a renderla croccante.
  4. Una volta croccante, togliete la pancetta dalla padella e lasciate asciugare su carta assorbente. Conserva il grasso di pancetta in eccesso per soffriggere le verdure o altre carni.
  5. Preriscaldare il forno a 325F. In 2 ciotole separate, separare i tuorli d'uovo dagli albumi di 5 uova grandi.
  6. Nella ciotola con i tuorli d'uovo, aggiungi 1/4 tazza di sciroppo d'acero, 1/4 tazza di eritritolo, 1/4 cucchiaino. stevia liquida e 1/2 cucchiaino. estratto di vaniglia.

7. Usando uno sbattitore a mano, mescola insieme per circa 2 minuti. I tuorli d'uovo dovrebbero diventare di colore più chiaro.
8. Aggiungere 1 tazza di farina di mandorle Honeyville, 2 cucchiai. Buccia di psillio in polvere, 2 cucchiai. burro di cocco e 1 cucchiaino. lievito in polvere.
9. Mescola di nuovo fino a formare una pastella densa.
10. Lavare le fruste dello sbattitore a mano nel lavandino per assicurarsi che tutte le tracce di grasso vengano rimosse dalle fruste.
11. Aggiungi 1/2 cucchiaino. cremor tartaro agli albumi.
12. Montare gli albumi con uno sbattitore a mano fino a formare picchi solidi.
13. Aggiungere 2/3 di pancetta croccante alla pastella per cake pop.
14. Aggiungere circa 1/3 degli albumi alla pastella e mescolare in modo aggressivo.

a) **Bombe al grasso di cocco e arancia**

INGREDIENTI

a) 1/2 tazza di olio di cocco
b) 1/2 tazza di panna montata pesante
c) 4 once. Crema di formaggio
d) 1 cucchiaino. Arancia Vaniglia Mio
e) gocce di stevia liquida

INDICAZIONI

1. Misura l'olio di cocco, la panna e il formaggio spalmabile.
2. Usa un frullatore ad immersione per amalgamare tutti gli ingredienti. Se hai difficoltà a frullare gli ingredienti, puoi metterli nel microonde per 30 secondi a 1 minuto per ammorbidirli.
3. Aggiungere Orange Vanilla Mio e stevia liquida alla miscela e mescolare con un cucchiaio.
4. Distribuire la miscela in un vassoio di silicone (il mio è un fantastico vassoio per cubetti di ghiaccio di Avenger) e congelare per 2-3 ore.
5. Una volta indurito, togliere dalla teglia in silicone e riporre in freezer. Godere!

a) Bombe Jalapeno

INGREDIENTI
- 1 tazza di burro, ammorbidito
- 3 oz. Crema di formaggio
- 3 fette di pancetta
- 1 peperoncino jalapeno medio
- 1/2 cucchiaino. Prezzemolo secco
- 1/4 cucchiaino. Cipolla in polvere
- 1/4 cucchiaino. Polvere d'aglio
- Sale e pepe a piacere

INDICAZIONI
- Friggere 3 fette di pancetta in una padella fino a renderle croccanti.
- Rimuovere la pancetta dalla padella, ma conservare il grasso rimanente per un uso successivo.
- Aspetta che la pancetta si sia raffreddata e croccante.
- Rimuovere i semi di un peperoncino jalapeño e poi tagliarlo a pezzetti.
- Unisci la crema di formaggio, il burro, il jalapeño e le spezie. Condite con sale e pepe a piacere.
- Aggiungere il grasso di pancetta e mescolare fino a formare un composto solido.
- Sbriciolare la pancetta e adagiarla su un piatto. Arrotolare la miscela di crema di formaggio in palline usando la mano, quindi rotolare la pallina nella pancetta.

1. Bombe al grasso per pizza

INGREDIENTI

- 4 once. Crema di formaggio
- fette di peperoni
- Olive Nere denocciolate
- 2 cucchiai. Pesto Di Pomodori Secchi

INDICAZIONI

a) Tagliate a dadini i peperoni e le olive.
b) Mescolare basilico, pesto di pomodoro e crema di formaggio.
c) Aggiungere le olive e i peperoni alla crema di formaggio e mescolare di nuovo.
d) Formare delle palline, quindi guarnire con peperoni, basilico e oliva.

2. Bombe di grasso al burro di arachidi

INGREDIENTI

- 1/2 TAZZA di olio di cocco
- 1/4 tazza di cacao in polvere
- cucchiaio da tavola. PB Fit Cipria
- cucchiaio da tavola. Semi di canapa sgusciati
- 2 cucchiai. Crema pesante
- 1 cucchiaino. Estratto di vaniglia
- 28 gocce di stevia liquida
- 1/4 di tazza di cocco grattugiato non zuccherato

INDICAZIONI

1. Mescola tutti gli ingredienti secchi con l'olio di cocco. Potrebbe volerci un po 'di lavoro, ma alla fine si trasformerà in una pasta.
2. Aggiungi panna, vaniglia e stevia liquida. Mescolare ancora fino a quando tutto è amalgamato e leggermente cremoso.
3. Misura il cocco grattugiato non zuccherato su un piatto.
4. Stendi le palline usando la mano e poi rotola nella noce di cocco sminuzzata non zuccherata. Adagiare su una teglia ricoperta di carta forno. Mettere in freezer per circa 20 minuti.

- **Barrette di bombe grasse di noci pecan d'acero**

INGREDIENTI

a) 2 tazze di noci pecan a metà
b) 1 tazza di farina di mandorle
c) 1/2 tazza di farina di semi di lino dorata
d) 1/2 tazza di cocco grattugiato non zuccherato
e) 1/2 tazza di olio di cocco
f) 1/4 tazza di "sciroppo d'acero"
g) 1/4 cucchiaino. Stevia liquida (~ 25 gocce)

INDICAZIONI

1. Misura 2 tazze di metà delle noci pecan e inforna per 6-8 minuti a 350 ° F in forno. Quanto basta per quando iniziano a diventare aromatici.
2. Rimuovere le noci pecan dal forno, quindi aggiungerle a un sacchetto di plastica. Usa un mattarello per schiacciarli a pezzi. Non importa troppo della consistenza,
3. Mescolare gli ingredienti secchi in una ciotola: 1 tazza di farina di mandorle, 1/2 tazza di farina di semi di lino dorata e 1/2 tazza di cocco grattugiato non zuccherato.
4. Aggiungere le noci pecan tritate nella ciotola e mescolare di nuovo.
5. Infine, aggiungi 1/2 tazza di olio di cocco, 1/4 di tazza di "sciroppo d'acero" (ricetta qui) e 1/4 cucchiaino. Stevia liquida. Mescolare bene fino a ottenere un impasto friabile.
6. Premere l'impasto in una pirofila. Sto usando una pirofila 11 × 7 per questo.
7. Cuocere per 20-25 minuti a 350 ° C, o fino a quando i bordi sono leggermente dorati.
8. Sfornare; lasciare raffreddare parzialmente e mettere in frigorifero per almeno 1 ora (per tagliare in modo pulito).
9. Tagliare in 12 fette e rimuovere con una spatola.

- **Bombe di pancetta al formaggio**

INGREDIENTI

- 3 oz. Formaggio mozzarella
- cucchiaio da tavola. Farina di mandorle
- cucchiaio da tavola. Burro, sciolto
- 3 cucchiai. Buccia di psillio in polvere
- 1 uovo grande
- 1/4 cucchiaino. sale
- 1/4 cucchiaino. Pepe nero macinato fresco
- 1/8 cucchiaino. Polvere d'aglio
- 1/8 cucchiaino. Cipolla in polvere
- fette di pancetta
- 1 tazza di olio, strutto o sego (per friggere)

INDICAZIONI
1. Aggiungi 4 once. (metà) Mozzarella in una ciotola.
2. Microonde 4 cucchiai. burro per 15-20 secondi o fino a quando non si sarà sciolto completamente.
3. Forno a microonde formaggio per 45-60 secondi fino a quando non si scioglie e diventa appiccicoso (dovrebbe essere un
4. Aggiungere 1 uovo e il burro al composto e mescolare bene.
5. Aggiungi 4 cucchiai. farina di mandorle, 3 cucchiai. Buccia di psillio e il resto delle spezie nella miscela (1/4 cucchiaino di sale, 1/4 cucchiaino di pepe nero macinato fresco, 1/8 cucchiaino di aglio in polvere e 1/8 cucchiaino di cipolla in polvere).
6. Mescola tutto insieme e versalo su un silpat. Stendete la pasta o con le mani formate un rettangolo.
7. Distribuire il resto del formaggio su metà dell'impasto e ripiegare l'impasto nel senso della lunghezza.
8. Ripiegate nuovamente l'impasto verticalmente in modo da formare una forma quadrata.

9. Crimpare i bordi con le dita e premere insieme l'impasto fino a formare un rettangolo. Vuoi che il ripieno sia stretto all'interno.
10. Usando un coltello, taglia la pasta in 20 quadrati.
11. Taglia a metà ogni fetta di pancetta, quindi adagia il quadrato all'estremità di 1 pezzo di pancetta.
12. Arrotolare bene l'impasto nella pancetta fino a quando le estremità non si sovrappongono. Puoi "allungare" la pancetta se necessario prima di arrotolare.
13. Usa uno stuzzicadenti per fissare la pancetta dopo averla arrotolata.
14. Fallo per ogni pezzo di pasta che hai. Alla fine avrai 20 bombe di pancetta al formaggio.
15. Riscalda l'olio, lo strutto o il sego a 350-375 ° F e poi friggi le bombe di pancetta al formaggio 3 o 4 pezzi alla volta.

- **Pancetta al caramello Fat Pop**

INGREDIENTI

- Cake Pops Al Bacon D'acero
- 6 Oz. Hamburger Affumicatoio Country Bacon
- 5 uova grandi, separate da 1/4 di tazza di sciroppo d'acero (ricetta qui)
- 1/2 cucchiaino. Estratto di vaniglia 1/4 di tazza ORA Erythritol 1/4 cucchiaino. Stevia liquida
- 1 tazza di farina di mandorle Honeyville
- 2 cucchiai. Buccia di psillio in polvere
- 1 cucchiaino. Lievito in polvere
- 2 cucchiai. Burro
- 1/2 cucchiaino. Crema di Tartaro
- Glassa al caramello salato 5 cucchiai. Burro
- 5 cucchiai. Crema pesante
- 2 1/2 cucchiai. Caramello Salato Senza Zucchero Torani

INDICAZIONI
a) Affetta 6 Oz. Burgers 'Smokehouse Country Bacon in piccoli pezzi.
b) Congelare la pancetta per 30 minuti prima o usare le forbici normalmente aiuta in questo processo.
c) Riscaldare una padella a fuoco medio-alto e cuocere la pancetta fino a renderla croccante.
d) Una volta croccante, togliete la pancetta dalla padella e lasciate asciugare su carta assorbente. Conserva il grasso di pancetta in eccesso per soffriggere le verdure o altre carni.
e) Preriscaldare il forno a 325F. In 2 ciotole separate, separare i tuorli d'uovo dagli albumi di 5 uova grandi.
f) Nella ciotola con i tuorli d'uovo, aggiungi 1/4 di tazza di sciroppo d'acero (ricetta qui), 1/4 di tazza di eritritolo, 1/4 cucchiaino. stevia liquida e 1/2 cucchiaino. estratto di vaniglia.

g) Usando uno sbattitore a mano, mescola insieme per circa 2 minuti. I tuorli d'uovo dovrebbero diventare di colore più chiaro.

h) Aggiungere 1 tazza di farina di mandorle Honeyville, 2 cucchiai. Buccia di psillio in polvere, 2 cucchiai. burro e 1 cucchiaino. lievito in polvere.

i) Mescola di nuovo fino a formare una pastella densa.

j) Lavare le fruste dello sbattitore a mano nel lavandino per assicurarsi che tutte le tracce di grasso vengano rimosse dalle fruste.

k) Aggiungi 1/2 cucchiaino. cremor tartaro agli albumi.

l) Montare gli albumi con uno sbattitore a mano fino a formare picchi solidi.

m) Aggiungere 2/3 di pancetta croccante alla pastella per cake pop.

n) Aggiungere circa 1/3 degli albumi alla pastella e mescolare in modo aggressivo.

CONCLUSIONE

Proteine e grassi sono macronutrienti fondamentali che supportano tutte le strutture vitali del tuo corpo. Estrarre il dessert perfetto dallo scaffale del negozio è una sfida. Non è facile trovare un Dessert che sia nutriente e sano allo stesso tempo mentre contiene i tuoi ingredienti preferiti.

Se sei un fan di queste prelibatezze decadenti ma hai paura di nutrirti di conservanti e zucchero in eccesso, allora questo libro di cucina fai-da-te è la tua risorsa senza sensi di colpa. Con una selezione di ricette ricche di proteine e ricche di grassi, non ti annoierai mai.

Le ricette fai-da-te stampate in questo libro di cucina sono uniche nel loro genere, ognuna delle quali illustra una diversa fusione di sapori e ingredienti. Il vantaggio delle ricette fatte in casa è che sono piene di ingredienti biologici e i sapori sono bilanciati in base alle tue papille gustative.

Una volta che sei abituato all'arte di preparare i tuoi dolci, non si torna indietro. Non solo l'esperienza sarà emozionante, ma adotterai anche uno stile di vita sano.

RICETTE PER BAR E PIAZZE PER PRINCIPIANTI

50+ RICETTE FACILI, SANO E DELIZIOSE

PER UN BUON MOMENTO

MIRKO SUERGIU

Tutti i diritti riservati.

Disclaimer

INTRODUZIONE

Perché tutto il clamore improvviso intorno a Dessert bar e piazze?

Forse è perché le barrette da dessert e le piazze sembrano più fattibili di una torta fantasia? O forse è che tendono ad essere morbidi, appiccicosi e incredibilmente deliziosi? Tendono anche ad essere un ottimo regalo da portare a una festa e sono fantastici quando è il momento di fare un po 'di cottura in vacanza!

Le barrette e le piazze da dessert, sono un tipo di "bar cookie" americano che ha la consistenza di una torta soda o più morbida del solito. Vengono preparate in teglia e poi cotte al forno. Sono tagliati in quadrati o rettangoli. I gusti popolari includono barrette al burro di arachidi, barrette al limone, barrette al cioccolato e cocco, barrette all'ananas, barrette alla mela, barrette alle mandorle, barrette al caramello, barrette cheesecake al cioccolato, barrette a sette strati, ecc.

Oltre a zucchero, uova, burro, farina e latte, gli ingredienti comuni sono gocce di cioccolato, noci, marmellata di lamponi, cocco, cacao in polvere, cracker di Graham, budino, mini-marshmallow, burro di arachidi, panna acida, rabarbaro, salatini, caramelle, vaniglia, uvetta e zucca.

In questo libro, ho raccolto il dessert preferito in assoluto e le ricette quadrate che puoi portare a feste e potluck, o goderti un regalo in qualsiasi momento. b

Queste semplici ricette sono quelle su cui farai sempre affidamento quando darai da mangiare a un gruppo di persone o ti preparerai per le vacanze!

3. Barrette di anacardi al caramello salato

Ingredienti:
- 2 tazze di farina per tutti gli usi
- ½ cucchiaino. lievito in polvere
- ½ cucchiaino. sale
- 12 TBSP. burro, a temperatura ambiente
- 6 TBSP. burro non salato, tagliato a pezzi
- 1 tazza di zucchero di canna chiaro, ben confezionato
- 1 uovo grande
- 3 cucchiaini. estratto di vaniglia
- 1 ½ tazza di zucchero semolato
- 1 tazza di panna
- 2 tazze di anacardi salati e tostati

p) Riscalda il forno a 171 ° C. Rivesti una teglia da forno da 23 × 33 cm con carta da forno e metti da parte. In una piccola ciotola, unire la farina per tutti gli usi, il lievito e ¼ di cucchiaino di sale. Mettere da parte.

q) In una ciotola media, mescola 6 cucchiai di burro, burro non salato e zucchero di canna chiaro con uno sbattitore elettrico a velocità media per 5 minuti fino a ottenere un composto leggero e spumoso. Aggiungere l'uovo e 1 cucchiaino di estratto di vaniglia e sbattere per 2 minuti a bassa velocità fino a quando non sono ben amalgamati.

r) Aggiungere la miscela di farina e sbattere a velocità media per 2 o 3 minuti. Premere la miscela di crosta nella padella preparata. Lascia raffreddare per 30 minuti.

s) In una padella antiaderente media a fuoco medio, scaldare lo zucchero semolato. Quando vedi lo zucchero che inizia a colorarsi, mescola finché non diventa marrone chiaro, circa 5-7 minuti. Aggiungere con cautela la panna e mescolare fino a che liscio.

t) Abbassa la fiamma e aggiungi i 6 cucchiai rimanenti di burro, i 2 cucchiaini rimanenti di estratto di vaniglia e ¼ di cucchiaino di sale rimanenti. Mescolare fino a quando il burro si è sciolto e togliere dal fuoco.

u) Mescolare gli anacardi nella miscela di caramello. Versare la miscela di caramello e anacardi nella padella sopra la crosta fredda. Cuocere per 20 minuti finché non si solidificano. Lasciar raffreddare completamente prima di tagliare.

4. Caramelle al pistacchio

Ingredienti:
- ½ tazza di burro
- 2 tazze di zucchero di canna scuro, ben confezionate
- ½ tazza di sciroppo di mais scuro
- 2 tazze di panna
- ¼ di cucchiaino. sale
- 1 tazza di pistacchi tritati, tostati
- 2 cucchiaini. estratto di vaniglia

Indicazioni
h) Foderare una padella quadrata da 20 cm con un foglio di alluminio, spruzzare con uno spray da cucina antiaderente e mettere da parte.
i) In una casseruola media a fuoco basso, sciogliere il burro. Aggiungere lo zucchero di canna scuro, lo sciroppo di mais scuro, 1 tazza di panna e il sale. Porta a ebollizione, mescolando di tanto in tanto, per 12-15 minuti o finché la miscela non raggiunge i 110 ° C (225 ° F) su un termometro per dolci.
j) Aggiungere lentamente 1 tazza di panna pesante rimanente. Porta la miscela a ebollizione e cuoci per altri 15 minuti o finché non raggiunge i 120 ° C. Togliere dal fuoco e aggiungere i pistacchi e l'estratto di vaniglia. Versare nella padella preparata.
k) Lasciar raffreddare per almeno 3 ore prima di rimuovere dalla pellicola e tagliare in 48 pezzi.
l) Taglia la carta oleata in 48 quadrati da 7,5 cm. Posizionare ogni caramello al centro di un quadrato di carta oleata, arrotolare la carta attorno al caramello e torcere le estremità della carta.

5. Piazze chiave lime

Ingredienti:
- 4 TBSP. burro non salato, a temperatura ambiente
- 4 TBSP. burro, a temperatura ambiente
- ½ tazza di zucchero a velo
- 2 tazze più 5 cucchiai. Farina per tutti gli usi
- 1 cucchiaino. estratto di vaniglia
- Pizzico di sale
- 4 uova grandi, leggermente sbattute
- 1 tazza di zucchero semolato
- ¼ di tazza di succo di lime Key
- 1 CUCCHIAIO. scorza di lime grattugiata

Indicazioni
15. Riscalda il forno a 171 ° C. Ricopri leggermente una teglia da forno da 23 × 33 cm con uno spray da cucina antiaderente e metti da parte.
16. In una ciotola grande, sbatti il burro non salato, il burro e lo zucchero a velo con uno sbattitore elettrico a velocità media per 3-4 minuti o fino a quando non diventa leggero e spumoso.
17. Aggiungere la farina per tutti gli usi, l'estratto di vaniglia e il sale e mescolare per altri 2 o 3 minuti o finché non sono ben amalgamati.
18. Premere l'impasto sul fondo della teglia preparata. Cuocere per 20-23 minuti, fino a quando non saranno dorati. Lasciar raffreddare la crosta per 10 minuti.
19. In una grande ciotola, sbatti insieme le uova e lo zucchero semolato. Aggiungere il succo di lime e la scorza di lime e mescolare bene.
20. Versare la miscela sulla crosta raffreddata e cuocere per 23-25 minuti o finché non si solidifica. Raffreddare completamente prima di tagliare in 12 quadrati.
21. Conservazione: conservare ben avvolto nella pellicola trasparente in frigorifero per un massimo di 5 giorni.

6. Bocconcini di muesli al cioccolato bianco

Ingredienti:
- 1 tazza e mezzo di muesli
- 3 TBSP. burro, sciolto
- 2 tazze di cioccolato bianco si scioglie

Indicazioni
6. Riscalda il forno a 120 ° C. Su una teglia da forno bordata, mescola il muesli e 2 cucchiai di burro. Metti la teglia nel forno per 5 minuti.
7. Rimuovere la teglia e mescolare fino a quando il muesli è completamente mescolato con il burro. Rimettere la teglia in forno per 15 minuti, mescolando ogni 5 minuti. Sfornare e lasciare raffreddare completamente il muesli.
8. A bagnomaria a fuoco medio, unire il cioccolato bianco sciolto e il restante 1 cucchiaio di burro. Mescolare per 5-7 minuti o fino a quando il cioccolato bianco è completamente sciolto e completamente combinato con il burro. Togliere dal fuoco.
9. Mescolare il muesli raffreddato nella miscela di cioccolato bianco. Mettere i cucchiai colmi su carta forno e lasciar raffreddare completamente prima di servire.
10. Conservazione: conservare in un contenitore ermetico a temperatura ambiente per un massimo di 1 settimana.

7. Pancetta candita toffee a quadretti

Ingredienti:
- 8 fette di pancetta
- ¼ di tazza di zucchero di canna chiaro, ben confezionato
- 8 TBSP. burro ammorbidito
- 2 CUCCHIAI. burro non salato, ammorbidito
- ⅓ tazza di zucchero di canna scuro, ben confezionata
- ⅓ pasticceri in tazza' zucchero
- 1 tazza e mezzo di farina per tutti gli usi
- ½ cucchiaino. sale
- ½ tazza di caramelle mou
- 1 tazza di gocce di cioccolato fondente
- ⅓ tazza di mandorle tritate

Indicazioni
6. Riscalda il forno a 180 ° C. In una ciotola media, mescolare la pancetta e lo zucchero di canna chiaro e disporre in un unico strato su una teglia.
7. Cuocere per 20-25 minuti o fino a quando la pancetta è dorata e croccante. Sfornate e lasciate raffreddare per 15-20 minuti. Taglia a pezzetti.
8. Riduci la temperatura del forno a 171 ° C. Rivesti una teglia da 9 × 13 pollici (23 × 33 cm) con un foglio di alluminio, spruzza con uno spray da cucina antiaderente e metti da parte.
9. In una ciotola grande, mescolare burro, burro non salato, zucchero di canna scuro e zucchero a velo con un miscelatore elettrico a velocità media fino a renderlo leggero e spumoso. Aggiungere gradualmente la farina e il sale per tutti gli usi, mescolando fino a quando non sono ben amalgamati. Mescolare ¼ di tazza di toffee fino a quando non saranno distribuiti uniformemente.
10. Premere l'impasto nella teglia preparata e cuocere per 25 minuti o fino a doratura. Sfornare, spolverare con gocce di cioccolato fondente e lasciare agire per 3 minuti o finché le gocce non si saranno ammorbidite.
11. Distribuire il cioccolato ammorbidito in modo uniforme sulla parte superiore e cospargere con mandorle, pancetta candita e ¼

di tazza rimanenti di caramello. Lasciar raffreddare per 2 ore o finché il cioccolato non si sarà solidificato. Taglia in 16 quadrati da 5 cm.

12. Conservazione: conservare in un contenitore ermetico in frigorifero per un massimo di 1 settimana.

8. Barrette da sogno in noce caramello

Ingredienti:
- 1 scatola di preparato per torta gialla
- 3 cucchiai di burro ammorbidito
- 1 uovo
- 14 once di latte condensato zuccherato
- 1 uovo
- 1 cucchiaino di puro estratto di vaniglia
- 1/2 tazza di noci macinate finemente
- 1/2 tazza di pezzetti di caramello macinati finemente

Indicazioni:
h) Preriscaldare il forno a 350. Preparare una tortiera rettangolare con dello spray da cucina e mettere da parte.
i) Unisci il composto per dolci, il burro e un uovo in una terrina, quindi mescola fino a renderlo friabile. Premere il composto sul fondo della padella preparata e metterlo da parte.
j) In un'altra terrina unire il latte, l'uovo rimasto, l'estratto, le noci e i pezzetti di caramello.
k) Mescolare bene e versare sulla base in padella. Infornate per 35 minuti.

9. Barrette di noci pecan croniche

INGREDIENTI

- 2 tazze di noci pecan a metà
- 1 tazza di farina di manioca
- 1/2 tazza di farina di semi di lino dorata
- 1/2 tazza di cocco grattugiato non zuccherato
- 1/2 tazza di olio di cocco e canapa
- 1/4 tazza di miele
- 1/4 cucchiaino. Stevia liquida

INDICAZIONI

16. Misura 2 tazze di metà delle noci pecan e inforna per 6-8 minuti a 350 ° F in forno. Quanto basta per quando iniziano a diventare aromatici.
17. Rimuovere le noci pecan dal forno, quindi aggiungerle a un sacchetto di plastica. Usa un mattarello per schiacciarli a pezzi. Non importa troppo della consistenza,
18. Mescolare gli ingredienti secchi in una ciotola: 1 tazza di farina di manioca, 1/2 tazza di farina di semi di lino dorata e 1/2 tazza di cocco grattugiato non zuccherato.
19. Aggiungere le noci pecan tritate nella ciotola e mescolare di nuovo.
20. Infine, aggiungi 1/2 tazza di olio di cocco Cana, 1/4 tazza di miele e 1/4 cucchiaino. Stevia liquida. Mescolare bene fino a formare un impasto friabile.
21. Premere l'impasto in una pirofila.
22. Cuocere per 20-25 minuti a 350 ° C, o fino a quando i bordi sono leggermente dorati.
23. Sfornare; lasciare raffreddare parzialmente e mettere in frigorifero per almeno 1 ora.
24. Tagliare in 12 fette e rimuovere con una spatola.

16. Quadretti di chia burro di mandorle

INGREDIENTI

- 1/2 tazza di mandorle crude
- 1 cucchiaio. + 1 cucchiaino. Olio di cocco
- cucchiaio da tavola. ORA eritritolo
- 2 cucchiai. Burro
- 1/4 tazza di crema pesante
- 1/4 cucchiaino. Stevia liquida
- 1 1/2 cucchiaino. Estratto di vaniglia

INDICAZIONI

4 Aggiungere 1/2 tazza di mandorle crude in una padella e tostare per circa 7 minuti a fuoco medio-basso. Quanto basta per iniziare a sentire l'odore della nocciolina che esce.

5 Aggiungere le noci al robot da cucina e macinarle.

6 Una volta raggiunta una consistenza farinosa, aggiungi 2 cucchiai. ORA eritritolo e 1 cucchiaino. Olio di cocco.

7 Continua a macinare le mandorle fino a quando non si sarà formato il burro di mandorle.

8 Una volta che il burro è dorato, aggiungi 1/4 di tazza di panna montata, 2 cucchiai. ORA eritritolo, 1/4 cucchiaino. Stevia liquida e 1 1/2 cucchiaino. Estratto di vaniglia al burro. Abbassa la fiamma e mescola bene finché la panna bolle.

9 Macina 1/4 di tazza di semi di chia in un macinino per spezie fino a formare una polvere.

10 Inizia a tostare i semi di chia e 1/2 tazza di fiocchi di cocco sminuzzati non zuccherati in una padella a fuoco medio. Vuoi che il cocco diventi leggermente marrone.

11 Aggiungere il burro di mandorle al composto di burro e panna e mescolare bene. Lasciar cuocere fino a ottenere una pasta.

12 In una teglia quadrata (o di qualsiasi dimensione tu voglia), aggiungi la miscela di burro di mandorle, chia tostata e miscela di cocco e 1/2 tazza di crema di cocco. Puoi aggiungere la crema di cocco in una padella per farla sciogliere leggermente prima di aggiungerla.

13 Aggiungi 1 cucchiaio. Olio di cocco e 2 cucchiai. Farina di cocco e mescolare bene il tutto.

14 Con le dita, impacchetta bene il composto nella teglia.

15 Mettete in frigo la miscela per almeno un'ora e poi estraetela dalla teglia. Dovrebbe mantenere la forma ora.

16 Trita il composto in quadrati o nella forma che preferisci e rimetti in frigorifero per almeno qualche altra ora. Puoi usare la miscela in eccesso per formare più quadrati, ma io invece l'ho mangiata.

17 Tira fuori e fai uno spuntino come vuoi!

16. Pepite di semi di Chia

INGREDIENTI
- 2 cucchiai di olio di cocco
- 1/2 tazza di semi di chia, macinati
- 3 oz. Formaggio Cheddar Grattugiato
- 1 1/4 tazza di acqua ghiacciata
- 2 cucchiai. Buccia di psillio in polvere
- 1/4 cucchiaino. Xanthan Gum
- 1/4 cucchiaino. Polvere d'aglio
- 1/4 cucchiaino. Cipolla in polvere
- 1/4 cucchiaino. Origano
- 1/4 cucchiaino. Paprica
- 1/4 cucchiaino. sale
- 1/4 cucchiaino. Pepe

INDICAZIONI

5. Preriscalda il forno a 375F. Macina 1/2 tazza di semi di chia in un macinino per spezie. Vuoi un pasto come la consistenza.

6. Aggiungere i semi di chia macinati, 2 cucchiai. Buccia di psillio in polvere, 1/4 cucchiaino. Xanthan Gum, 1/4 cucchiaino. Aglio in polvere, 1/4 cucchiaino. Cipolla in polvere, 1/4 cucchiaino. Origano, 1/4 cucchiaino. Paprika, 1/4 cucchiaino. Sale e 1/4 cucchiaino. Pepe in una ciotola. Mescola bene insieme.

7. Aggiungi 2 cucchiai. Olio di cocco agli ingredienti secchi e mescolateli insieme. Dovrebbe trasformarsi nella consistenza della sabbia bagnata.

8. Aggiungere 1 1/4 di tazza di acqua ghiacciata nella ciotola. Mescola molto bene. Potrebbe essere necessario dedicare più tempo a mescolarlo insieme poiché i semi di chia e lo psillio impiegano un po 'di tempo per assorbire l'acqua. Continua a mescolare fino a formare un impasto solido.

9. Grattugiare 3 oz. Formaggio Cheddar e aggiungilo nella ciotola.

10. Usando le mani, impastare insieme la pasta. Vuoi che sia relativamente asciutto e non appiccicoso quando finisci.
11. Mettete l'impasto su un silpat e lasciate riposare per qualche minuto.
12. Stendere o stendere la pasta sottile in modo che copra l'intero silpat. Se riesci a renderlo più sottile, continua a rotolare e conserva l'eccesso per una seconda cottura.
13. Cuocere per 30-35 minuti in forno fino a cottura ultimata.
14. Toglietele dal forno e, mentre sono calde, tagliatele a cracker individuali.
15. Puoi usare il bordo smussato di un coltello (non tagliare il silicone) o una spatola grande.
16. Rimettere i cracker in forno per 5-7 minuti sulla griglia o finché le parti superiori non saranno dorate e ben croccanti. Sfornate e mettete a raffreddare su una griglia. Man mano che si raffreddano, diventano più croccanti.
17. Servi con le tue salse preferite. Sto usando il mio Aioli Chipotle all'aglio arrosto.

18. Barrette proteiche al cioccolato

Porzioni: 12 barrette Tempo di preparazione: 1 ora

Ingredienti:

- Burro di noci puro al 100%, 250 g
- Semi di bargigli arrostiti, 1 cucchiaino e mezzo
- Yogurt al naturale senza grassi, 110 g
- 100% proteine del siero di latte in polvere, 100 g
- Cannella, 1 cucchiaino e mezzo
- Granella di cacao crudo, 4 cucchiaini
- Cioccolato fondente 85%, 100 g
- Estratto di vaniglia puro, 1 cucchiaio
- 100% proteine di piselli in polvere, 30 g

Metodo:

e) Aggiungere tutti gli ingredienti tranne il cioccolato al robot da cucina e frullare fino a che liscio.

f) Preparate 12 barrette dalla miscela e mettetele in frigo per 30 minuti.

g) Quando le barrette sono sode, sciogliere il cioccolato nel microonde e immergervi ogni barretta e ricoprire bene.

h) Disporre le barrette rivestite su una teglia rivestita e riporre in frigorifero per 30 minuti o fino a quando il cioccolato non si sarà rassodato.

i) Godere.

19. Barrette proteiche al cioccolato tedesche

Porzioni: 12 barrette
Tempo di preparazione: 2 ore e 20 minuti
Ingredienti:

- Avena, 1 tazza
- Cocco grattugiato, ½ tazza + ¼ tazza, diviso
- Proteine di soia in polvere, ½ tazza
- Pecan, ½ tazza + ¼ tazza, tritati, divisi
- Acqua, fino a ¼ di tazza
- Cacao in polvere, ¼ di tazza
- Estratto di vaniglia, 1 cucchiaino
- Granella di cacao, 2 cucchiai
- Sale, ¼ di cucchiaino
- Datteri Medjool, 1 tazza, snocciolati e messi a bagno per 30 minuti

Metodo:

i) Lavorare l'avena fino alla farina fine, quindi aggiungere il cacao in polvere e le proteine in polvere, lavorare di nuovo.

j) Nel frattempo scolate i datteri e aggiungeteli al robot da cucina. Impastare per 30 secondi, quindi aggiungere ½ tazza di cocco grattugiato e ½ tazza di noci pecan seguite da sale e vaniglia.

k) Lavorate ancora e continuate ad aggiungere acqua poco a poco e formate un impasto.

l) Mettere l'impasto in una grande ciotola e aggiungere le noci pecan e il cocco rimanenti seguiti dalla granella di cacao.

m) Disporre l'impasto su carta forno e coprirlo con un'altra pergamena e formare un quadrato spesso.

n) Mettete in frigorifero per 2 ore, quindi rimuovete la carta forno e tagliatela in 12 barrette della lunghezza desiderata.

20. Barrette proteiche Blueberry Bliss

Ingredienti:
- Avena rotolata pura al 100% incontaminata, 1 tazza e ½
- Pepitas, 1/3 di tazza
- Mandorle intere, ¾ tazza
- Salsa di mele non zuccherata ¼ di tazza
- Mirtilli secchi, ½ tazza piena
- Semi di girasole, ¼ di tazza
- Burro di mandorle, 1 tazza
- Sciroppo d'acero, 1/3 di tazza
- Noci, 1/3 di tazza
- Pistacchi, ½ tazza
- Semi di lino macinati, 1/3 di tazza

Metodo:
p) Foderate una teglia con carta oleata e tenetela da parte.
q) In una grande ciotola unire l'avena, le mandorle, i semi di girasole, le bacche essiccate, le noci, i pistacchi, i semi di lino e le pepite.
r) Cospargere di salsa di mele e sciroppo d'acero e mescolare bene.
s) Ora aggiungi il burro e mescola bene.
t) Trasferire la pastella nella padella e uniformarla dall'alto.
u) Congela per un'ora. Quando il composto è completamente pronto, giralo sul bancone.
v) Affetta il tuo spessore desiderato e la lunghezza in 16 barre.

21. Barrette di proteine al burro di arachidi con gocce di cioccolato

Ingredienti:
- Farina di cocco, ¼ di tazza
- Crema alla vaniglia stevia, 1 cucchiaino
- Farina di arachidi, 6 cucchiai
- Estratto di vaniglia, 1 cucchiaino
- Sale, ¼ di cucchiaino
- Gocce di cioccolato in miniatura, 1 cucchiaio
- Olio di cocco, 1 cucchiaino, sciolto e leggermente raffreddato
- Isolato di proteine di soia, 6 cucchiai
- Latte di anacardi non zuccherato, ½ tazza + 2 cucchiai

Metodo:
h) Foderare una teglia con carta oleata. Tenere da parte.
i) Unisci entrambe le farine con proteine di soia e sale.
j) In un'altra ciotola mescolate il latte di cocco con la stevia, il latte di anacardi e la vaniglia. Versare gradualmente questo composto nella miscela di farina e mescolare bene per unire.
k) Aggiungete ora ½ gocce di cioccolato e incorporatele delicatamente al composto.
l) Trasferire il composto nella teglia da forno preparata e distribuire uniformemente con una spatola.
m) Completare con le gocce di cioccolato rimanenti e congelare per 3 ore.
n) Tagliare nello spessore e nella lunghezza desiderati.

22. Barrette di proteine di semi di canapa di zucca cruda

Ingredienti:

- Datteri Medjool, ½ tazza, snocciolati
- Estratto di vaniglia, ½ cucchiaino
- Semi di zucca, ¼ di tazza
- Sale, ¼ di cucchiaino
- Cannella, ½ cucchiaino
- Burro di semi di canapa, ½ tazza
- Noce moscata, ¼ di cucchiaino
- Acqua, ¼ di tazza
- Avena cruda, 2 tazze
- Semi di Chia, 2 cucchiai

Metodo:

g) Foderate una teglia con carta forno e tenetela da parte, lasciate a bagno i datteri per 30 minuti poi frullate fino ad ottenere un composto omogeneo.

h) Trasferite il composto in una ciotola e aggiungete il burro di canapa e unite bene.

i) Ora aggiungi gli ingredienti rimanenti e piega delicatamente per incorporare bene.

j) Trasferire nella padella e uniformare con una spatola.

k) Mettere in frigo per 2 ore poi affettare in 16 barrette.

23. Ginger Vanilla Protein CrunchBars

Ingredienti:

- Burro, 2 cucchiai
- Avena, 1 tazza
- Mandorle crude, ½ tazza, tritate
- Latte di cocco, ¼ di tazza
- Cocco grattugiato, ¼ di tazza
- Proteine in polvere (vaniglia), 2 misurini
- Sciroppo d'acero, ¼ di tazza
- Zenzero cristallizzato, ½ tazza, tritato
- Fiocchi di mais, 1 tazza, pestati in grosse briciole Semi di girasole, ¼ di tazza

Metodo:

b) Sciogliere il burro in una padella e aggiungere lo sciroppo d'acero. Mescolare bene.

c) Aggiungere il latte seguito dalle proteine in polvere e mescolare bene per unire. Quando il composto assume una consistenza morbida, spegnere il fuoco.

d) In una ciotola capiente aggiungi i semi di girasole, le mandorle, l'avena, i cornflakes e ¾ i pezzi di zenzero.

e) Versare il composto sugli ingredienti secchi e unire bene.

f) Trasferire in una teglia da forno preparata con carta oleata e distribuire in uno strato uniforme.

g) Completare con lo zenzero e il cocco rimanenti. Cuocere per 20 minuti a 325 F. Lasciar raffreddare prima di affettare.

24. Barrette di pretzel al burro di arachidi

Ingredienti:

- Patatine di soia, 5 tazze
- Acqua, ½ tazza
- Mini pretzel twist, 6, tritati grossolanamente
- Burro di arachidi in polvere, 6 cucchiai
- Arachidi, 2 cucchiai, tritate grossolanamente
- Proteine di soia in polvere, 6 cucchiai
- Scaglie di burro di arachidi, 2 cucchiai, tagliati a metà Agave, 6 cucchiai

Metodo:

g) Spruzzare una teglia con spray da cucina e tenere da parte.
h) Trasforma le patatine di soia nel robot da cucina e aggiungile a una ciotola.
i) Aggiungi proteine in polvere e mescola.
j) Riscaldare una casseruola e aggiungere l'acqua, l'agave e il burro in polvere. Mescolate durante la cottura a fuoco medio per 5 minuti. Lasciate bollire il composto per qualche secondo e poi il composto di soia mescolando continuamente.
k) Trasferire il composto nella padella preparata e guarnire con salatini, arachidi e scaglie di burro di arachidi.
l) Mettere in frigorifero fino a quando non si rassoda. Taglia in barrette e divertiti.

25. Barrette proteiche di mandorle e mirtilli

.Ingredienti:

- Mandorle tostate al sale marino, 2 tazze
- Fiocchi di cocco non zuccherati, ½ tazza
- Cereali di riso soffiato, 2/3 tazze
- Estratto di vaniglia, 1 cucchiaino
- Mirtilli rossi secchi, 2/3 tazze
- Semi di canapa, 1 cucchiaio colmo
- Sciroppo di riso integrale, 1/3 di tazza di miele, 2 cucchiai

Metodo:

b) Unisci le mandorle con i mirtilli rossi, i semi di canapa, i cereali di riso e il cocco. Tenere da parte.

c) In una casseruola aggiungere il miele seguito dalla vaniglia e dallo sciroppo di riso. Mescolare e far bollire per 5 minuti.

d) Versare la salsa sugli ingredienti asciutti e mescolare velocemente per amalgamare.

e) Trasferire il composto su una teglia da forno preparata e distribuire in uno strato uniforme.

f) Mettete in frigo per 30 minuti.

g) Quando sono pronti, tagliali in barre della dimensione desiderata e divertiti.

26. CakeBars proteico al triplo cioccolato

Ingredienti:

- Farina d'avena, 1 tazza
- Bicarbonato di sodio, ½ cucchiaino
- Latte di mandorle, ¼ di tazza
- Proteine del siero di latte al cioccolato in polvere, 1 misurino
- Miscela di stevia, ¼ di tazza
- Farina di mandorle, ¼ di tazza
- Gocce di cioccolato fondente, 3 cucchiai
- Sale, ¼ di cucchiaino
- Noci, 3 cucchiai, tritate
- Cacao amaro in polvere non zuccherato, 3 cucchiai
- Salsa di mele non zuccherata, 1/3 di tazza
- Uovo, 1
- Yogurt greco normale, ¼ di tazza
- Albumi d'uovo liquidi, 2 cucchiai
- Proteine del siero di latte alla vaniglia in polvere, 1 misurino

Metodo:

f) Preriscaldare il forno a 350 F.

g) Ungete una teglia da forno con dello spray da cucina e tenetela da parte.

h) In una ciotola capiente unire entrambe le farine con sale, bicarbonato di sodio, entrambe le proteine in polvere e il cacao amaro in polvere. Tenere da parte.

i) In un'altra ciotola sbatti le uova con la stevia e sbatti fino a quando non sono ben amalgamate, quindi aggiungi gli ingredienti bagnati rimanenti e sbatti di nuovo.

j) Mescolare gradualmente la miscela bagnata nella miscela secca e mescolare bene per unire.

k) Aggiungere le noci e le gocce di cioccolato, piegarle delicatamente.

l) Trasferire il composto nella teglia preparata e infornare per 25 minuti.

m) Lasciate raffreddare prima di togliere dalla padella e affettare

27. Barrette al cioccolato e lampone

Ingredienti:

- Burro di arachidi o di mandorle, ½ tazza
- Semi di lino, ¼ di tazza
- Agave blu, 1/3 di tazza
- Cioccolato proteico in polvere, ¼ di tazza
- Lamponi, ½ tazza
- Avena rotolata istantanea, 1 tazza

Metodo:

c) Unire il burro di arachidi con l'agave e cuocere a fuoco basso, mescolando continuamente.

d) Quando il composto avrà una consistenza morbida aggiungerlo all'avena, ai semi di lino e alle proteine. Mescolare bene.

e) Aggiungere i lamponi e piegarli delicatamente.

f) Trasferire la pastella nella padella preparata e congelare per un'ora.

g) Tagliare in 8 barrette quando è fermo e gustare.

28. Barrette di pasta biscotto al burro di arachidi

Ingredienti:

- Avena rotolata, ¼ di tazza
- Burro di arachidi, 3 cucchiai
- Proteine in polvere, ½ tazza
- Sale, un pizzico
- Grandi datteri Medjool, 10
- Anacardi crudi, 1 tazza
- Sciroppo d'acero, 2 cucchiai Arachidi intere, per guarnire

Metodo:

u) Impastare l'avena nel robot da cucina in farina fine.

v) Ora aggiungi tutti gli ingredienti tranne le arachidi intere e frulla fino a che liscio.

w) Assaggia e apporta eventuali modifiche se lo desideri.

x) Trasferire il composto in una teglia da pane e guarnire con le arachidi intere.

y) Mettete in frigorifero per 3 ore. Quando il composto sarà compatto, posizionarlo sul bancone della cucina e affettarlo in 8 barrette della lunghezza desiderata.

29. Barrette proteiche al muesli

Ingredienti:

- Latte di mandorle non zuccherato, ½ tazza
- Miele, 3 cucchiai
- Quinoa, ¼ di tazza, cotta
- Semi di chia, 1 cucchiaino
- Farina, 1 cucchiaio
- Cioccolato proteico in polvere, 2 misurini
- Gocce di cioccolato, ¼ di tazza
- Cannella, ½ cucchiaino
- Banana matura, ½, schiacciata
- Mandorle, ¼ tazza, a fette
- Muesli, 1 tazza e ½, della tua marca preferita

Metodo:

j) Preriscaldare il forno a 350 F.

k) Mescolare il latte di mandorle con il purè di banana, i semi di chia e il miele in una ciotola media e tenere da parte.

l) In un'altra ciotola unire gli ingredienti rimanenti e mescolare bene.

m) Ora versa il composto di latte di mandorle sugli ingredienti secchi e piega bene il tutto.

n) Trasferire la pastella in una padella e infornare per 20-25 minuti.

o) Lasciar raffreddare prima di togliere dalla padella e affettare.

30. Barrette proteiche per torta di carote

Ingredienti:

Per i bar:

- Farina d'avena, 2 tazze
- Latte senza latticini, 1 cucchiaio
- Spezie miste, 1 cucchiaino
- Vaniglia proteica in polvere, ½ tazza
- Carote, ½ tazza, schiacciate
- Cannella, 1 cucchiaio
- Farina di cocco, ½ tazza, setacciata
- Sciroppo di riso integrale, ½ tazza
- Dolcificante granulato a scelta, 2 cucchiai
- Burro di mandorle, ¼ di tazza

Per la glassa:

- Proteine vanigliate in polvere, 1 misurino
- Latte di cocco, 2-3 cucchiai
- Crema di formaggio, ¼ di tazza

Metodo:

f) Per preparare le barrette proteiche unire farina con spezie miste, proteine in polvere, cannella e dolcificante.

g) In un altro, ma mescolare il burro con il dolcificante liquido e il microonde per alcuni secondi fino a quando non si scioglie.

h) Trasferisci questo composto nella ciotola della farina e mescola bene.

i) Ora aggiungi le carote e piega delicatamente.

j) Ora aggiungi gradualmente il latte, mescolando continuamente fino a ottenere la consistenza richiesta.

k) Trasferire in una padella preparata e conservare in frigorifero per 30 minuti.

l) Nel frattempo preparare la glassa e unire le proteine in polvere con la crema di formaggio.

m) Aggiungere gradualmente il latte e mescolare bene per ottenere la consistenza desiderata.

n) Quando il composto è pronto, affettalo in barrette della lunghezza desiderata e applica una schiuma di glassa su ciascuna barretta.

31. Barrette all'arancia e bacche di goji

Ingredienti:

- Proteine del siero di latte alla vaniglia in polvere, ½ tazza
- Buccia d'arancia, 1 cucchiaio, grattugiata
- Mandorle tritate, ¾ tazza
- Cioccolato fondente 85%, 40 g, sciolto
- Latte di cocco, ¼ di tazza
- Farina di cocco, ¼ di tazza
- Peperoncino in polvere, 1 cucchiaino
- Essenza di vaniglia, 1 cucchiaio
- Bacche di Goji, ¾ tazza

Metodo:

g) Unisci le proteine in polvere con la farina di cocco in una ciotola.

h) Aggiungere gli ingredienti rimanenti alla miscela di farina.

i) Mescolare il latte e mescolare bene.

j) Formare delle barrette dalla pastella e disporle su un foglio.

k) Sciogliere il cioccolato e lasciarlo raffreddare per qualche minuto quindi immergere ogni barretta nel cioccolato fuso e disporlo sulla teglia.

l) Mettete in frigorifero fino a quando il cioccolato è completamente fermo.

m) Godere.

32. Barretta proteica alla fragola matura

Ingredienti:

- Fragole liofilizzate, 60 g
- Vaniglia, ½ cucchiaino
- Cocco grattugiato non zuccherato, 60 g
- Latte di mandorle non zuccherato, 60 ml
- Proteine del siero di latte in polvere non aromatizzate, 60 g di cioccolato fondente, 80 g

Metodo:

j) Lavorare le fragole essiccate fino a quando non sono macinate, quindi aggiungere il siero di latte, la vaniglia e il cocco. Procedere di nuovo fino a formare una miscela macinata fine.

k) Mescolare il latte nella miscela e lavorare fino a quando tutto è ben incorporato.

l) Foderare una teglia con carta oleata e trasferirvi il composto.

m) Usa una spatola per distribuire uniformemente la miscela.

n) Mettete in frigorifero fino a quando la miscela è pronta

o) Cioccolato fondente al microonde per 30 secondi. Mescolare bene fino a quando non è liscio e completamente sciolto.

p) Lasciate raffreddare leggermente il cioccolato e nel frattempo affettate il composto di fragole in otto barrette dello spessore desiderato.

q) Ora una ad una immergi ogni barretta nel cioccolato e ricopri bene.

r) Disporre le barre rivestite su una teglia da forno. Una volta ricoperte tutte le barrette, mettetele in frigorifero fino a quando il cioccolato non si sarà solidificato e si sarà rassodato.

33. Barrette proteiche al caffè

Ingredienti:
- Farina di mandorle, 30 g
- Farina di cocco, 30 g
- Espresso, 60 g, appena preparato e raffreddato
- Proteine del siero di latte isolate non aromatizzate, 60 g
- Zucchero di cocco, 20 g
- Cacao amaro in polvere, 14 g
- Cioccolato fondente con 70% -85% di solidi di cacao, 48 g

Metodo:

d) Unisci tutti gli ingredienti secchi insieme.
e) Mescolare l'espresso e frullare bene per unire senza lasciare grumi.
f) A questo punto il composto si trasformerà in una palla liscia.
g) Dividilo in sei pezzi di uguali dimensioni e forma ogni pezzo in una barra. Disporre le barre su un foglio e coprirlo con della plastica. Mettete in frigo per un'ora.
h) Una volta che le barrette sono impostate, cuocere al microonde il cioccolato fondente e mescolare fino a quando non si scioglie.
i) Rivestire ogni barretta nel cioccolato fuso e disporre su una teglia rivestita di cera.
j) Cospargere il cioccolato rimanente sopra in un motivo a spirale e riporre in frigorifero fino a quando il cioccolato è solido.

34. Barrette proteiche al cioccolato e banana

Ingredienti:

- Banana liofilizzata, 40 g
- Latte di mandorle, 30 ml
- Proteine in polvere isolate aromatizzate alla banana, 70 g
- 100% burro di arachidi, 25 g
- Avena rotolata senza glutine, 30 g
- 100% cioccolato, 40 g
- Dolcificante, quanto basta

Metodo:

f) Banana macinata nel robot da cucina. Ora aggiungi proteine in polvere e avena, lavora di nuovo fino a quando non è ben macinato.

g) Mescolare gli ingredienti rimanenti tranne il cioccolato e lavorare di nuovo fino a che liscio.

h) Trasferire il composto in una teglia foderata e coprire con la plastica. Mettere in frigorifero fino a quando non si rassoda

i) Quando le barre sono impostate, tagliate in quattro barre.

j) Ora sciogliere il cioccolato nel microonde e lasciarlo raffreddare leggermente prima di immergervi ogni barretta di banana. Coprite bene e mettete di nuovo in frigo le barrette finché il cioccolato non si sarà rassodato.

35. Heavenly Raw Bar

Ingredienti:

- Latte di cocco, 2 cucchiai
- Cacao amaro in polvere, quanto basta
- Proteine in polvere, 1 misurino e mezzo
- Farina di semi di lino, 1 cucchiaio

Metodo:

a) Unisci tutti gli ingredienti insieme.

b) Ungete una teglia da forno con uno spray da cucina lontano e trasferite la pastella.

c) Lasciate riposare il composto a temperatura ambiente finché non si sarà rassodato.

36. Monster Bars

- 1/2 tazza burro ammorbidito
- 1 c. zucchero di canna, confezionato
- 1 c. zucchero
- 1-1 / 2 c. burro di arachidi cremoso
- 3 uova sbattute
- 2 t. estratto di vaniglia
- 2 t. bicarbonato di sodio
- 4-1 / 2 c. avena a cottura rapida, cruda
- 1 c. gocce di cioccolato semidolce
- 1 c. cioccolatini ricoperti di caramelle

g) In una grande ciotola, mescola tutti gli ingredienti nell'ordine elencato. Stendere la pasta in una teglia per gelatina imburrata 15 "x10".

h) Infornare a 350 gradi per 15 minuti o fino a quando leggermente dorato.

i) Raffreddare e tagliare a barrette. Rende circa 1-1 / 2 dozzine.

37. Barrette di crumble ai mirtilli

- 1-1 / 2 c. zucchero, diviso
- 3 c. Farina per tutti gli usi
- 1 t. lievito in polvere
- 1/4 t. sale
- 1/8 t. cannella
- 1 c. Grasso solido vegetale o animale per cucinare
- 1 uovo, sbattuto
- 1 cucchiaio di amido di mais
- 4 c. mirtilli

a) Mescolare insieme una tazza di zucchero, farina, lievito, sale e cannella.

b) Utilizzare un tagliapasta o una forchetta per tagliare il grasso e l'uovo; la pasta risulterà friabile.

c) Pat metà dell'impasto in una teglia da forno unta 13 "x9"; mettere da parte.

d) In una ciotola a parte, mescolate insieme la maizena e lo zucchero rimanente; piegare delicatamente i frutti di bosco.

e) Cospargere la miscela di mirtilli in modo uniforme sull'impasto in padella.

f) Sbriciolare l'impasto rimanente sopra. Infornare a 375 gradi per 45 minuti, o fino a quando la parte superiore non sarà leggermente dorata. Raffreddare completamente prima di tagliare a quadrati. Fa una dozzina.

38. Barre Gumdrop

- 1/2 tazza burro, sciolto
- 1/2 t. lievito in polvere
- 1-1 / 2 c. zucchero di canna, confezionato
- 1/2 t. sale
- 2 uova sbattute
- 1/2 tazza Noci tritate
- 1-1 / 2 c. Farina per tutti gli usi
- 1 c. caramelle gommose, tritate
- 1 t. estratto di vaniglia
- Decorazione: zucchero a velo

f) In una grande ciotola, mescola tutti gli ingredienti tranne lo zucchero a velo.

g) Stendere la pasta in una teglia unta e infarinata da 13 "x9". Infornare a 350 gradi per 25-30 minuti, fino a doratura.

h) Cospargere di zucchero a velo. Freddo; tagliato a barre. Fa 2 dozzine.

39. Roll bar di noci salate

- 18-1 / 2 oz. pkg. preparato per torta gialla
- 3/4 c. burro, sciolto e diviso
- 1 uovo, sbattuto
- 3 c. mini marshmallow
- 10 once pkg. patatine al burro di arachidi
- 1/2 tazza sciroppo di mais dietetico
- 1 t. estratto di vaniglia
- 2 c. arachidi salate
- 2 c. cereali di riso croccanti

b) In una ciotola, mescola insieme la miscela per torta secca, 1/4 di tazza di burro e l'uovo; premere la pasta in una teglia da forno unta 13 "x9". Infornare a 350 gradi per 10-12 minuti.

c) Cospargere i marshmallow sulla crosta cotta; rimettere in forno e cuocere per altri 3 minuti o finché i marshmallow non si saranno sciolti. In una casseruola a fuoco medio, sciogliere le scaglie di burro di arachidi, lo sciroppo di mais, il burro rimanente e la vaniglia.

d) Mescolare noci e cereali. Distribuire la miscela di burro di arachidi sullo strato di marshmallow. Freddo fino a quando non si rassoda tagliare a quadrati. Fa 2-1 / 2 dozzine.

40. Barrette alla ciliegia della foresta nera

- 3 21 once. lattine ripieno di torta di ciliegie, diviso
- 18-1 / 2 oz. pkg. preparato per torta al cioccolato
- 1/4 c. olio
- 3 uova sbattute
- 1/4 c. brandy al gusto di ciliegia o succo di ciliegia
- 6 once pkg. gocce di cioccolato semidolce
- Opzionale: farcitura montata

f) Mettete in frigorifero 2 lattine di ripieno di torta fino a quando non si raffreddano. Usando uno sbattitore elettrico a bassa velocità, sbatti insieme il barattolo rimanente di ripieno per torta, miscela per torta secca, olio, uova e succo di brandy o ciliegia fino a quando non è ben amalgamato.

g) Mescolare le gocce di cioccolato.

h) Versare la pastella in una teglia leggermente unta da 13 "x9". Infornare a 350 gradi per 25-30 minuti, finché uno stuzzicadenti non risulta pulito; freddo. Prima di servire, distribuire uniformemente il ripieno di torta ghiacciata.

i) Tagliare a barrette e servire con guarnizione montata, se lo si desidera. Per 10-12 persone.

41. Barrette di popcorn al mirtillo rosso

- 3 once. pkg. popcorn al microonde, schioccato
- 3/4 c. gocce di cioccolato bianco
- 3/4 c. mirtilli rossi secchi zuccherati
- 1/2 tazza cocco in fiocchi zuccherato
- 1/2 tazza mandorle a scaglie, tritate grossolanamente
- 10 once pkg. marshmallows
- 3 cucchiai di burro

j) Foderare una teglia da 13 "x9" con un foglio di alluminio; spruzzare con uno spray vegetale antiaderente e mettere da parte. In una ciotola capiente, mescola popcorn, gocce di cioccolato, mirtilli rossi, cocco e mandorle; mettere da parte. In una casseruola a fuoco medio, mescolare i marshmallow e il burro fino a quando non si saranno sciolti e omogenei.

k) Versare sopra la miscela di popcorn e mescolare per ricoprire completamente; trasferire rapidamente nella padella preparata.

l) Stendi un foglio di carta oleata sopra; premere con decisione. Lascia raffreddare per 30 minuti o finché non si rassoda. Sollevare le barre dalla padella, utilizzando un foglio come maniglie; staccare la pellicola e la carta oleata. Taglia in barre; raffreddare altri 30 minuti. Per 16.

42. Ciao Dolly Bars

- 1/2 tazza margarina
- 1 c. briciole di cracker di Graham
- 1 c. cocco in fiocchi zuccherato
- 6 once pkg. gocce di cioccolato semidolce
- 6 once pkg. patatine al burro
- 14 once può latte condensato zuccherato
- 1 c. noci pecan tritate

e) Mescolare insieme la margarina e le briciole di cracker Graham; pressare in una teglia leggermente unta da 9 "x9". Cospargere con cocco, gocce di cioccolato e gocce di caramello.

f) Versare il latte condensato sopra; cospargere di noci pecan. Infornare a 350 gradi per 25-30 minuti. Lasciate raffreddare; tagliato a barre. Da 12 a 16.

43. Irish Cream Bar

- 1/2 tazza burro ammorbidito
- 3/4 c. più 1 cucchiaio di farina 00, divisa
- 1/4 c. zucchero a velo
- 2 cucchiai di cacao da forno
- 3/4 c. panna acida
- 1/2 tazza zucchero
- 1/3 c. Liquore alla crema irlandese
- 1 uovo, sbattuto
- 1 t. estratto di vaniglia
- 1/2 tazza panna montata
- Opzionale: granelli di cioccolato

e) In una ciotola, mescolare il burro, 3/4 di tazza di farina, lo zucchero a velo e il cacao fino a formare un impasto morbido.

f) Premere l'impasto in una teglia da forno non unta 8 "x8". Infornate a 350 gradi per 10 minuti.

g) Nel frattempo, in una ciotola a parte, sbatti insieme la farina rimanente, la panna acida, lo zucchero, il liquore, l'uovo e la vaniglia.

h) Mescola bene; versare sullo strato cotto. Rimettere in forno e cuocere per altri 15-20 minuti, fino a quando il ripieno non è impostato.

i) Raffreddare leggermente; conservare in frigorifero almeno 2 ore prima di tagliare in barrette. In una piccola ciotola, con uno sbattitore elettrico ad alta velocità, sbattere la panna da montare fino a formare picchi rigidi.

j) Servire le barrette condite con ciuffi di panna montata e spruzza, se lo si desidera.

k) Da tenere in frigorifero. Fa 2 dozzine.

44. Barrette alla banana

- 1/2 tazza burro ammorbidito
- 1 c. zucchero
- 1 uovo
- 1 t. estratto di vaniglia
- 1-1 / 2 c. banane, purè
- 1-1 / 2 c. Farina per tutti gli usi
- 1 t. lievito in polvere
- 1 t. bicarbonato di sodio
- 1/2 t. sale
- 1/4 c. cacao in polvere

e) In una ciotola sbattete insieme burro e zucchero; aggiungere l'uovo e la vaniglia. Mescola bene; mescolare le banane. Mettere da parte. In una ciotola a parte, unire farina, lievito, bicarbonato di sodio e sale; si fondono nella miscela di burro. Dividere la pastella a metà; aggiungere il cacao a metà.

f) Versare la pastella normale in una teglia da forno unta 13 "x9"; cucchiaio di pastella al cioccolato in cima. Turbina con un coltello da tavola; infornare a 350 gradi per 25 minuti.

g) Freddo; tagliato a barre. Rende da 2-1 / 2 a 3 dozzine.

45. Barrette di cheesecake alla zucca

- 16 once pkg. miscela di torta Pound
- 3 uova, divise
- 2 cucchiai di margarina, sciolta e leggermente raffreddata
- 4 t. spezia per torta di zucca, divisa
- 8 once pkg. crema di formaggio, ammorbidita
- 14 once può latte condensato zuccherato
- 15 once può zucca
- 1/2 t. sale

e) In una ciotola grande, unire la miscela per torta secca, un uovo, la margarina e 2 cucchiaini di spezie per torta di zucca; mescolare fino a renderlo friabile. Premere l'impasto in una teglia per gelatina imburrata 15 "x10". In una ciotola separata, sbatti la crema di formaggio fino a renderla morbida.

f) Sbattere il latte condensato, la zucca, il sale e le uova rimanenti e le spezie. Mescolare bene; spalmare sulla crosta. Infornare a 350 gradi per 30-40 minuti. Freddo; conservare in frigorifero prima di tagliare in barrette. Fa 2 dozzine.

46. Barrette ai cereali

Ingredienti:
- Semi di zucca, ½ tazza
- Miele, ¼ di tazza
- Semi di canapa. 2 cucchiai
- Farina di cocco, ½ tazza
- Cannella, 2 cucchiaini
- Carciofi in polvere, 1 cucchiaio
- Vaniglia proteica in polvere, ¼ di tazza
- Burro di cocco, 2 cucchiai
- Bacche di Goji, 1/3 di tazza
- Pistacchi, ½ tazza, tritati
- Sale, un pizzico
- Olio di cocco, 1/3 di tazza
- Latte di canapa, 1/3 di tazza
- Baccello di vaniglia, 1
- Semi di chia, 2 cucchiai di fiocchi di cocco, 1/3 di tazza

Metodo:

k) Unire tutti gli ingredienti insieme e distribuire uniformemente in una terrina.

l) Mettete in frigo per un'ora.

m) Quando sono sodi e solidificati, tagliali in barre della lunghezza desiderata e divertiti.

47. Farina d'avena di zucca AnytimeSquares

Ingredienti:

- Uovo di lino, 1 (1 cucchiaio di lino macinato mescolato con 3 cucchiai di acqua)
- Avena rotolata senza glutine, ¾ tazza
- Cannella, 1 cucchiaino e mezzo
- Pecan, ½ tazza, dimezzata
- Zenzero macinato, ½ cucchiaino
- Zucchero di cocco, ¾ tazza
- Arrowroot in polvere, 1 cucchiaio
- Noce moscata macinata, 1/8 cucchiaino
- Estratto di vaniglia puro, 1 cucchiaino
- Sale marino rosa dell'Himalaya, ½ cucchiaino
- Purea di zucca in scatola non zuccherata, ½ tazza
- Farina di mandorle, ¾ tazza
- Farina d'avena rotolata, ¾ tazza
- Mini gocce di cioccolato non diario, 2 cucchiai
- Bicarbonato di sodio, ½ cucchiaino

Metodo:

e) Preriscaldare il forno a 350 F.

f) Foderate una teglia quadrata con carta oleata e tenetela da parte.

g) Unisci l'uovo di lino in una tazza e lascia riposare per 5 minuti.

h) Sbattere la purea con lo zucchero e aggiungere l'uovo di lino e la vaniglia. Batti di nuovo per combinare.

i) Ora aggiungi il bicarbonato di sodio seguito da cannella, noce moscata, zenzero e sale. Batti bene.

j) Infine aggiungere la farina, l'avena, la radice di freccia, le noci pecan e la farina di mandorle e sbattere fino a completa incorporazione.

k) Trasferire la pastella nella padella preparata e completare con gocce di cioccolato.

l) Infornate per 15-19 minuti.

m) Lasciar raffreddare completamente prima di togliere dalla padella e affettare.

48. Red Velvet Pumpkin Bars

Ingredienti:

- Barbabietole piccole cotte, 2
- Farina di cocco, ¼ di tazza
- Burro di semi di zucca biologico, 1 cucchiaio
- Latte di cocco, ¼ di tazza
- Siero di latte alla vaniglia, ½ tazza
- Cioccolato fondente 85%, sciolto

Metodo:

g) Unisci tutti gli ingredienti secchi insieme tranne il cioccolato.

h) Mescolare il latte sugli ingredienti secchi e legare bene.

i) Forma in barre di medie dimensioni.

j) Sciogliere il cioccolato nel microonde e lasciarlo raffreddare per qualche secondo. Ora immergi ogni barretta nel cioccolato fuso e ricopri bene.

k) Mettete in frigorifero fino a quando il cioccolato è solido e compatto.

l) Godere.

49. Barrette al limone innevate

- 3 uova, divise
- 1/3 c. burro, sciolto e leggermente raffreddato
- 1 cucchiaio di scorza di limone
- 3 cucchiai di succo di limone
- 18-1 / 2 oz. pkg. preparato per torta bianca
- 1 c. mandorle tritate
- 8 once pkg. crema di formaggio, ammorbidita
- 3 c. zucchero a velo
- Decorazione: zucchero a velo aggiuntivo

h) In una ciotola grande, unisci un uovo, il burro, la scorza di limone e il succo di limone. Mescolare la miscela per torta secca e le mandorle, mescolando bene. Premere l'impasto in una teglia da forno unta 13 "x9". Infornare a 350 gradi per 15 minuti o fino a quando non saranno dorati. Nel frattempo, in una ciotola a parte, sbattere la crema di formaggio fino a renderla leggera e spumosa; mescolare gradualmente lo zucchero a velo. Aggiungere le uova rimanenti, una alla volta, mescolando bene dopo ciascuna.

i) Togliere la teglia dal forno; spalmare il composto di crema di formaggio sulla crosta calda. Cuocere per 15-20 minuti in più, fino a quando il centro non è impostato; freddo. Cospargere di zucchero a velo prima di tagliare a barrette. Fa 2 dozzine.

50. Easy Butterscotch Bars

- 12 once pkg. patatine al caramello, sciolte
- 1 c. burro ammorbidito
- 1/2 tazza zucchero di canna, confezionato
- 1/2 tazza zucchero
- 3 uova sbattute
- 1-1 / 2 t. estratto di vaniglia
- 2 c. Farina per tutti gli usi

f) In una ciotola, unire le patatine al caramello e il burro; mescolare bene. Aggiungere gli zuccheri, le uova e la vaniglia; mescolare bene.

g) Unisci gradualmente la farina. Versare la pastella in una teglia leggermente unta da 13 "x9". Infornate a 350 gradi per 40 minuti.

h) Lasciar raffreddare e tagliare a quadrati. Fa 2 dozzine.

51. Barretta Cherry Almond

Ingredienti:

- Proteine vanigliate in polvere, 5 misurini
- Miele, 1 cucchiaio
- Frullini per le uova, ½ tazza
- Acqua, ¼ di tazza
- Mandorle, ¼ tazza, a fette
- Estratto di vaniglia, 1 cucchiaino
- Farina di mandorle, ½ tazza
- Burro di mandorle, 2 cucchiai
- Ciliegie dolci scure congelate, 1 tazza e ½

Metodo:

a) Preriscaldare il forno a 350 F.

b) Tagliate a cubetti le ciliegie e fatele scongelare.

c) Unisci tutti gli ingredienti insieme, comprese le ciliegie scongelate, e mescola bene.

d) Trasferite il composto in una teglia unta e infornate per 12 minuti.

e) Lasciate raffreddare completamente prima di togliere dalla padella e affettare a barrette.

52. Barrette al caramello

Ingredienti:
- 1 tazza e mezzo di fiocchi d'avena
- 1 tazza e mezzo di farina
- ¾ tazza di zucchero di canna
- ½ cucchiaino di bicarbonato di sodio
- ¼ di cucchiaino di sale
- ¼ di tazza di burro fuso
- ¼ di tazza di burro fuso
  Condimenti
- ½ tazza di zucchero di canna
- ½ tazza di zucchero semolato
- ½ tazza di burro
- ¼ di tazza di farina
- 1 tazza di noci tritate
- 1 tazza di cioccolato tritato

Indicazioni:
14. Porta la temperatura del tuo forno a 350 F. Metti l'avena, la farina, il sale, lo zucchero e il bicarbonato di sodio in una ciotola e mescola bene. Metti il burro e il burro normale e mescola fino a formare delle briciole.
15. Mettere da parte almeno una tazza di queste briciole per guarnire in seguito.
16. Ora prepara la teglia ungendola con uno spray poi metti il composto di avena sul fondo della teglia.
17. Mettetela in forno e infornate per un po ', poi rimuovetela una volta che sarà ben dorata e fatela raffreddare. Quindi il prossimo è fare il caramello.
18. Fallo mescolando il burro e lo zucchero in una casseruola dal fondo spesso per evitare che si bruci velocemente. Lasciarlo bollire dopo aver aggiunto la farina. Torna alla base di farina d'avena, aggiungi la frutta secca mista e il cioccolato seguito dal caramello che hai appena fatto, e infine, completa il tutto con le briciole extra che hai messo da parte.

19. Rimettilo in forno e lascialo cuocere fino a quando le barrette non saranno di colore dorato, che impiegheranno per circa 20 minuti.
20. Dopo la cottura, raffreddalo prima di tagliarlo nella misura che desideri.

53. Popcorn due volte cotti

Ingredients:

- 8 cucchiai possono annaffiare
- 6 tazze di marshmallow o mini marshmallow
- 5 cucchiai di noce di cocco
- 8 pezzi proposti caramel corn o popcorn
- 1 frutta secca tritata
- 1 tazza di mini scelte

Per guarnire:

- ½ cup mini marshmallow
- ½ tazza di mini scelte di scelta

Indicazioni

4. Ha forno a 350 gradi F.
5. Copri la parte di una superficie quadrata da 9 pollici con carta di credito.
6. In una casseruola grande sciogliere il fondo. Aggiungere il buonumore e mescolare fino a quando non si è completamente addensato. Mescolare la noce di cocco.
7. Aggiungere la miscela e mescolare fino a quando non si ottiene. Avere la miscela in un primo momento. Con le mani pulite, fa cadere i popcorn e prova a fare anche le idee.
8. Irrorare con le noci e le gocce di cioccolato.
9. Prima della miscela di ingredienti rimanenti sopra le noci e il cioccolato.
10. Cospargere con i restanti marshmallow e scegliere i piatti, e metterli sopra per 5-7 minuti.
11. Lasciare raffreddare e poi lasciar raffreddare in frigorifero prima del taglio.

54. No-Bake Cokie Bars
Ingredienti:

- 1/2 tazza di mezzo litro
- 1 1/2 pezzi Graham cracker crumbs
- Una libbra di zucchero rappresenta lo zucchero (da 3 a 3 1/2 tazze)
- 1 1/2 tazza di burro di noci
- 1/2 cup butter, melted
- 1 (12 volte) latte pasticcino scelto

Indicazioni:

6. Unire le briciole di cracker Graham, lo zucchero e il fondo di arachidi; mescolare bene.
7. Blend in the melted can be back up until well bmbined.
8. Prevalentemente miscela solo in un 9 x 13 pollici piano.
9. Sciogliere i pezzi di cioccolato in microwave o in un double boiler.
10. Preparato con una miscela di burro di noci.
11. Raffreddare fino a quando non si è appena alzato e tagliare nelle bretelle. (Questi sono molto difficili da tagliare se il cioccolato fa male!.)

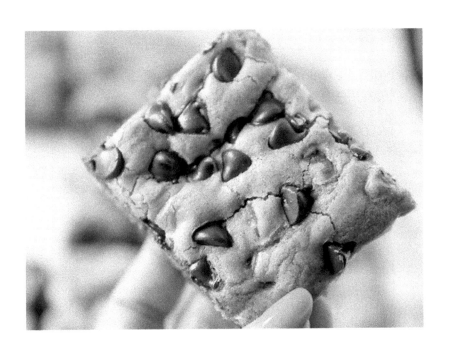

55. Barrette al limone e mandorle

Yield: 32 lemon bars

Ingredients:

- 1/4 di tazza di zucchero granulato
- 3/4 di tazza di burro aromatizzato (spesso)
- 1 commento meno zelante
- 2 tazze di farina integrale
- 1/4 teaaspoon table as t
Per Lemon Bar Bar:

- 6 uova grandi
- 2 cucchiai di zucchero
- 1/4 cup chopped, ginger cristallizzato
- 1/2 farina di farina integrale
- 1 cucchiaino da tè di cottura
- 2 tavole di meno zelante
- 2/3 di tazza di frutta fresca
Per Almond Mixture:

- 3/4 cup farina
- 1/2 tazza di zucchero
- 1/4 cucchiaino in meno
- 1/4 di tazza di tazza (medio)
- 1/2 cup di mandorle salate
- Ottional produce: una seconda di zucchero abbondante, panna montata, ecc.

Indicazioni:

Per Lemon Bar Crust:

6. Prevenire fino a 350 gradienti F.

7. Usando un mixer elettrico in piedi o in manico, sbattere 1/4 di zucchero, 3/4 di burro e 1 cucchiaino di scorza di limone a velocità media per 2 minuti o fino a quando la miscela è cremosa.

8. In un boccale grande separato, unire 2 cucchiai di farina e 1/4 di cucchiaino di altro. A poco a poco le verdure secche (farina e altro) nella crema di latte, zucchero e uova. Mescolare bene fino a quando tutto è completamente combinato.

9. Dopo che la salsa è stata mescolata, prepara un piatto da forno da 9 x 13 pollici con un po 'di tempo per cucinare. Mettere il piatto vuoto e grande nel frigorifero per raffreddare per almeno 15 minuti prima di cuocere.

10. Rimuovere la pasta dal frigorifero e inserire l'impasto fino a quando non si crea una pasta unificata. (Non perdere le fantastiche sorprese!)

11. Infornate la quantità per 15-20 minuti nel vostro forno pieno o fino a quando leggermente brunito.

12. Rimuovere la crosta dal forno e riportare la temperatura del forno a 325 gradi F.

13. Lascia che la crosta si sieda di lato per ora.

ForLemon bar Batter:

9. Montare le 6 uova e 2 tazze di zucchero.

10. In un robot da cucina o un blender, versare 1/2 tazza di farina insieme a 1/4 di zenzero cristallizzato. Mescolare i due ingredienti insieme fino a quando non sono completamente combinati. È consigliabile aggiungere la farina e lo zenzero si fondono in un boccale di dimensioni medie.

11. Mescolare 1 tazza di lievito in polvere nella miscela di farina e zenzero.

12. Piccole quantità di farina e zenzero benedicono nella ciotola contenente le uova e lo zucchero.

13. Mescolare nella parte inferiore e 2 stuzzichini di limone fino a quando non sono completamente combinati e un po '.

14. Versare la pastella della barretta al limone sopra la crosta fresca, luccicante e agitando l'umidità per consentire a tutte le bolle d'aria di fuoriuscire.

15. Cuocere le fette di limone nel vostro piatto anche per 15-20 minuti o fino a quando il ripieno di limone non ha appena iniziato a malapena.
16. Togliete i lemon bar di nuovo e metteteli da parte per ora.

Per Sliced Almond Mixture:

4. Mescolare la rimanente farina 3/4, 1/2 tazza di zucchero e 1/4 cucchiaino di sale insieme in una piccola ciotola.
5. Versare la 1/4 di cucchiaio di fondo e mescolare gli ingredienti fino a quando non sono ben benedetti.
6. Aggiungere 1/2 tazza di mandorle a fette e mescolare ancora una volta.
7. Cospargere la miscela di limone e zucchero sopra i biscotti al limone caldi, e poi mettere le fette di limone nell'altra per altri 20-25 minuti o fino a quando non saranno leggermente dorate.
8. Rimuovere le briciole di legno da sopra e lasciarle raffreddare nell'asciugatrice su una griglia di collegamento per almeno 1 ora.
9. Taglia le tue briciole in individuo comeqSì, e assistete immediatamente con un pizzico di zucchero, se lo desiderate.

56. Barretta di cioccolato

Ingredienti:

- 1/4 cup butter
- Scelta da 4 pezzi

Indicazioni:

6. Melt la scelta in un modo pulito, il tamburo asciutto ha visto su una padella a malapena un'aria. Se vuoi suggerire la scelta, aggiungi il tuo pulsante.
7. Una volta che la scelta è terminata (e temperata, se si tempera il cioccolato), rimuovere la ciotola dal piano e togliere la parte superiore dal fondo della ciotola.
8. Versare o un cucchiaio un po 'di scelta nel vostro medio. Lanciali sul bancone alcune volte per distribuire il cioccolato solo e per eliminare eventuali bolle d'aria; poi agendo rapidamente, aggiungere qualsiasi tipo di frutta secca, frutta secca o altri ingredienti che hai e li assiste in un po '.
9. È anche possibile mescolare gli ingredienti nella scelta, in modo che aggiungere frutta secca, a volte, a volte di qualità, si consiglia di aggiungere o versare altri ingredienti in questi ingredienti.
10. Mettere immediatamente le briciole nel frigorifero fino a quando non si solidificano. Se viene utilizzata la scelta suggerita, non dovrebbero essere necessari più di cinque minuti per rassodarsi. In caso contrario, la scelta richiederà più tempo.

57. Barrette di farina d'avena

Tempo di preparazione: 15 minuti Tempo di cottura: 25-30 minuti Porzioni: 14-16
Ingredienti:

- 1¼ tazze di fiocchi d'avena vecchio stile
- 1¼ tazze di farina per tutti gli usi
- ½ tazza di noci tostate tritate finemente (vedi nota)
- ½ tazza di zucchero
- ½ cucchiaino di bicarbonato di sodio
- ¼ di cucchiaino di sale
- 1 tazza di burro, sciolto
- 2 cucchiaini di vaniglia
- 1 tazza di marmellata di buona qualità
- 4 cracker integrali (8 quadrati), schiacciati
- Panna montata, per servire (opzionale)

Indicazioni:

4. Preriscalda il forno a 350 ° F. Ungere una teglia quadrata da 9 pollici. In una ciotola, mettete e unite la farina d'avena, la farina, le noci, lo zucchero, il bicarbonato di sodio e il sale. In una piccola ciotola, unire il burro e la vaniglia. Aggiungere la miscela di burro alla miscela di avena e mescolare fino a renderla friabile.
5. Riservare 1 tazza per guarnire e premere la miscela di avena rimanente sul fondo della teglia. Distribuire la marmellata in modo uniforme sopra. Aggiungere i cracker schiacciati alla miscela di avena riservata e cospargere la marmellata. Cuocilo per circa 25-30 minuti o finché i bordi non saranno dorati. Raffreddare completamente in padella su una griglia.
6. Taglia in 16 quadrati. Impiattare aggiungendo una cucchiaiata di panna montata se lo si desidera.
7. Conservarlo in un contenitore di vetro in frigorifero aiuterà a conservarlo.

58. Barrette gommose al pecan

Ingredienti:
* Spray da forno antiaderente
* 2 tazze più
* 2 cucchiai di farina 00, divisi
* ½ tazza di zucchero semolato
* 2 cucchiai più
* 2 cucchiaini. burro
* 3 ½ cucchiaini di burro non salato, tagliato a pezzi
* ¾ cucchiaino più un pizzico di sale kosher, diviso
* ¾ tazza di zucchero di canna scuro confezionata
* 4 uova grandi
* 2 cucchiaini di estratto di vaniglia
* 1 tazza di sciroppo di mais leggero
* 2 tazze di noci pecan tritate
* Noci pecan tagliate a metà

Indicazioni:

12. Preriscalda il forno a 340 ° F. Ungere la teglia con uno spray antiaderente e foderare con carta forno con una sporgenza su due lati in modo da poter sollevare facilmente le barre dalla teglia.
13. Utilizzando un frullatore o un robot da cucina, farina di legumi, zucchero, tipi di burro e ¾ cucchiaino di sale fino a quando combinato. La miscela si formerà in grumi.
14. Trasferisci l'impasto nella teglia preparata. Premilo con decisione e in modo uniforme sul fondo della padella. Forare la crosta dappertutto con una forchetta e infornare fino a quando da un colore marrone chiaro a dorato medio, da 30 a 35 minuti.
15. Utilizzando la stessa ciotola del robot da cucina, unire lo zucchero di canna, i 2 cucchiai rimanenti di farina, un pizzico di sale, le uova, la vaniglia e lo sciroppo di mais. (Aggiungere lo

sciroppo di mais per ultimo, in modo che non si attacchi sul
fondo del robot da cucina.)

16. Frullare fino a completa fusione. Trasforma il composto in una
    grande ciotola e aggiungi le noci pecan.

17. Distribuire uniformemente la miscela di noci pecan sulla crosta
    cotta. Metti qualche metà in più di noci pecan sulla parte
    superiore del ripieno come decorazione.

18. Rimetti la teglia nel forno e lasciala cuocere fino a quando il
    centro non è impostato da 35 a 40 minuti. Nella remota
    possibilità che l'interno continui a oscillare, preparati per un altro
    paio di minuti; se noti che le barre iniziano a sbuffare al centro,
    rimuovile subito. Mettili su una griglia e lasciali raffreddare prima
    di tagliarli in 16 quadrati (2 pollici) e sollevare le barre.

19. Conservazione: conservare le barrette in un contenitore ermetico
    a temperatura ambiente per 3-5 giorni o congelare fino a 6 mesi.
    Possono essere molto appiccicosi, quindi avvolgerli in pergamena
    o carta oleata.

CONCLUSIONE

Le migliori barrette da dessert di solito hanno strati di sapore e sono disponibili in molte varianti, le possibilità sono infinite, guarda cosa riesci a inventare!

Le barrette da dessert sono anche un regalo di Natale davvero carino o qualsiasi altro regalo per occasioni speciali per amici e familiari. Chi non vorrebbe ricevere un pacchetto splendidamente decorato pieno di barrette di dolci fatti in casa? Potrebbe essere uno dei migliori regali di sempre! Hanno una durata di conservazione piuttosto lunga e possono essere cotti con alcuni giorni di anticipo. Possono anche essere conservati nel congelatore se avvolti strettamente nella pellicola.

Con questo libro di cucina farai sicuramente venire voglia ai tuoi ospiti di tornare per mangiare un'altra piazza!

Lightning Source UK Ltd.
Milton Keynes UK
UKHW020644140621
385483UK00011B/613